오늘도 플라스틱을 먹었습니다

오 늘 도
플라스틱을
먹었습니다

롤프 할든 지음 | 조용빈 옮김

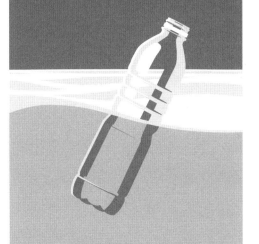

환경과학자가 경고하는 화학물질의 위험

한문화

차례

들어가며

≈≈≈

1960년대 미국에서는 위기를 암시하는 불길한 징조가 여기저기서 나타나기 시작했다. 로스앤젤레스와 뉴욕 대기는 지금의 북경이나 뉴델리만큼이나 탁했고, 유독성 물질을 함유하고 있었다. 1969년에 발생한 산타바바라 기름 유출 사고는 1989년 유조선 엑슨 발데즈Exxon Valdez호나 2010년 시추선 딥 워터 호라이즌Deep Water Horizon의 기름 유출 사고가 그랬듯 해양오염 부문에 새로운 기록을 남겼다. 오하이오주 쿠야호가Cuyahoga 강은 공식적인 기록만으로도 열세 번째 화재가 일어나 인류에게 경고 신호를 보냈다. 이는 오늘날 아마존 분지가 화염과 매연으로 인류에게 멸망 신호를 보내는 것과 같은 이치다.

1962년 생물학자인 레이첼 카슨Rachel Carson은 기념비적인 저서 《침묵의 봄(Silent Spring)》을 펴내 대중에게 환경 문제의 경각심을 일깨웠다. 카슨은 논문과 책을 펴내 대중에게 경고의 메시지를 보냈고, 유기염소 화학 물질(organochlorine chemistry)인 디디티 DDT의 독성을 의회에서 증언했다. 디디티의 독성 화학 성분은 수로를 돌아다니며 벌레에서 닭으로 즉, 먹이에서 포식자에게로 옮아가다가 종래에는 인간이 섭취하는 음식물로 흘러든다. 미국에서 사용을 금한 지 40년이 지났지만, 요즘 태어나는 아기의 혈액 성분에서도 여전히 디디티 성분이 발견된다.

레이첼 카슨은 1964년에 암으로 사망했지만, 그녀의 노력 덕분에 1970년 4월 22일 최초로 지구의 날(Earth Day)이 제정되었다. 미국 공화당은 곧이어 미국환경보호청(US Environmental Protection Agency, EPA)을 설립했고, 미국환경보호청은 1970년과 1977년에 청정 대기법(Clean Air Act)의 대대적인 수정 법안을 발표했다. 1972년에는 수질오염규제법(Clean Water Act)을 발효했다. 카슨이 사망한 지 8년이 지난 1972년에 정부는 그녀의 경고가 옳았음을 깨달았다. 그리고 드디어 발암 성분인 디디티의 사용을 금하기로 했다.

그러나 디디티 대신 택한 임시 화학 물질로 승리의 의미는 퇴색했다. 디디티가 미치는 폐해의 근본 원인을 제거하지 못했기에 우리는 여전히 생태계와 인간의 몸에 위험한 화학 물질이 잔류하도록 허용한다. 할로겐계 난연제(Halogenated flame retardants)와 테플론계 영구 화학 물질(forever-chemicals of the Teflon type), 난분해성 플라스틱(non-biodegradable plastic)과 유연제(softener) 등은 몸 안에 화학 혼합액(soup of chemicals)을 생성해 불임, 유산, 조산, 성조숙증, 알레르기, 주의력 결핍 과잉행동장애, 비만, 당뇨, 알츠하이머, 암까지 유발하는 것으로 알려졌다. 요즘 부모들은 자식들이 정신 질환, 우울증, 자폐증 및 약물 중독에 걸릴까 걱정하고, 자식들은 기후 변화로 수명이 단축될까 염려한다.

이제 곧 2020년 4월 20일 지구의 날이 온다. 제정된 지 50년이 지났지만, 인류가 오염시킨 지구 환경은 그 어느 때보다도 미래가 불확실하다.

1

환경을 인식하다

"조심하고 또 조심하라." 이것이 내가 자라면서 배운 교훈이다. 상황이 언제 치명적으로 바뀔지 모르니 늘 주위를 경계해야 했다. 어쩌면 그건 내가 1960년대 독일의 브라운슈바이크Braunschweig에서 자라서인지도 모른다. 내 고향은 '죽음의 띠'라 불렸던 동서독 국경(the death strip of the Inner German Border) 서쪽에 자리한 도시였다. 그게 아니면 조울증을 앓고 있던 아버지의 영향이려나. 아버지는 무서울 정도로 분열된 정체성을 가지고 있었다. 그래서 어린 시절 우리 집은 '언제, 어떻게 변할지 모르는 무거운 환경' 그 자체였다. 기분이 좋다가도 사소한 일이 계기가 되면 폭력을 동반한 분노를 표출했다. 그런 상황을 한 번도 경험하지 못한 사람은 도저히 상상도 할 수 없는 수준의 분노였다.

나와 내 형제들은 집에 있으면서 위태로운 상황을 너무도 많이 겪었다. 그래서 내게 '집'이라 하면 '안전하지 못함'을 의미했다. 나를 둘러싼 모든 것들이 언제 갑자기 없어질지 모르는 상황에서 내가 가진 것을 당연하게 여기기란 쉽지 않다. 주변 환경을 의식하고 조심하는 특징은 어린 시절 이후 필연적으로, 줄곧 나를 따라붙은 제2의 천성이었다.

밖으로 나가 자연을 접하면 그나마 위안이 되었다. 일종의 도피였다. 여전히 자연은 내게 위안을 준다. 1970년대 독일 풍경은 농업 정책과 토지 통합 정책(Flurbereinigung)으로 나무 몇 그루에 덤불만이 드문드문 남은 상태였다. 자전거를 타고 이 길을 통과해 안개가 두껍게 깔린 사탕무밭과 유채꽃밭을 지나면, 그렇게 집과 멀리 떨어진 곳으로 가면 마치 내가 대단한 모험가가 된 듯 느껴졌다. 적어도 그 당시 순진무구한 내 마음속 느낌은 그랬다.

밖으로 나가 세계를 보고 싶다는 바람이 생긴 건 아마 그런 어린 시절 때문인지도 모른다. 멀리 떨어진 장소와 그곳 문화를 탐험하면서 내 집이 주는 친숙함과 굴레를 벗어나고 싶었다. 그렇게 맞바꾼 자유와 불안정으로 내가 알던 환경이 아닌 다른 환경을 만들어보고 싶었다.

어린 시절, 들과 숲을 뛰놀다가 만난 약한 짐승들은 포식자가 언제 나타날지 몰라 항상 경계하는 모습이었다. 그들은 늘 조심하고 있었다. 그때 나는 생명을 관찰하고 생물학을 연구하는 기쁨을 처음 깨달았다. 살아남으려면 언제, 어디서나 경계를 풀면 안 된다는 것도 배웠다. 막 알을 깨고 나온 어린 새나 어린 사슴처럼 연약한 짐승들에게 동질감을 느끼기도 했다.

여하튼 혼자가 아닌 것은 다행스러운 일이다. 많은 이들이 이 연약한 부류에 속할 것이다. 다행히 우리는 이제 자기를 지킬 수 있다. 자라고 성숙하면서 변화가 생긴 것이다. 상황이 달라지면 역할은 언제든 뒤바뀐다. 짐승들도 마찬가지다. 인류만 해도 그렇지 않나. 자연의 변덕에 어쩔 줄 몰라 하던 나약한 존재였던 우리가 이제는 지구상 최상위 포식자로 진화했다. 사람들은 흔히 '환경'이라 부르던 것들을 이제 완전히 정복했다고 믿고 있다. 그러나 생존하려면 아직 더 배워야 할 것들이 남아 있다. 이게 생물학자로서, 엔지니어로서 그리고 인간으로서 수십 년을 살아가며 내가 깨달은 점이다.

우리가 중요시하고 지키려고 하는 경계선은 모두 허구다. 그런 것은 존재하지 않는다. 자기 자신과 자신을 둘러싼 주위 환경이 별개라는 생각은 소중히 지켜온 망상에 불과하다.

환경은 단순히 '저 바깥쪽에' 있는 게 아니다. 우리가 호흡하고 흡수하고 마시고 입고 창조하는 모든 것이 곧 환경이다. 인간과 환경은 하나이며 같은 선상에 있다.

2
우리를 구성하는 물질들

때는 1988년, 나는 안데스산맥 해발 고도 5,500미터 부근에 있는, 꽁꽁 언 수직 바위산에 매달려 있다. 내 무릎은 주체할 수 없을 만큼 심하게 떨리고 있었다. 조금 있으면 체력이 바닥나고 손에 힘이 빠져서 그만 생명이 끝날지도 모른다는 두려움이 엄습했다. 로프도 없고 달리 방법이 없었다. 이제 끝만 남았다. '내가 왜 여기에 온 거지?' 생각만 해도 스스로가 바보 같았다. 그런데 사람은 죽을 순간이 임박해야만 상황을 공정하고 정확하게 바라보게 된다. 모순이 아닐 수 없다. 생존 가능성은 정말로 희박했다.

하지만 살아 있다는 감각은 얼마나 좋은 것인가. 우리는 이 특권을 매일 겪고 감사함을 느끼면서도 때로는 너무 당연하게 여긴다. 인류는 거의 사십억 년 전쯤 시작된 이 행운을 그보다 훨씬 뒤에야 깨닫게 된다.

변변치 않은 우리별, 지구는 38억 년 전 빅뱅으로 튕겨 나온 바위형 행성이 아주 우연히 태양에서 적절히 떨어진 위치(Goldilocks distance)를 찾아 자리하면서 시작된다. 그리고 지금은 흔히 말하는 '생명'이라는 기적을 창조하며 살아간다.

원래 지구를 구성하는 물질은 단순했다. 내가 매달려 있던 바위 산이 안산암과 화성암으로 구성된 것처럼, 지구 또한 원소 주기율표(periodic table)에 나열된 성분들로만 이뤄져 있었다. 하지만 오래전, 태초에 일어난 물리 화학적 반응으로 우연히 어떤 물질과 물질이 서로 섞이며 부풀게 되었는데, 이때 비바람이 몰아치면서 큰 변화가 일어났다. 바위는 녹아서 액체로 변했고 이산화탄소, 황, 질소를 배출하는 원생액(primordial stew*)이 되었다. 이것이 오늘

* 지구상에 생명체를 만들어 낸 유기물의 혼합액

날 우리가 '생명체'라 부르는 것들의 전구체(precursor**)다.

황량한 지구 표면 곳곳에 벼락이 닿으면서 전기 자극(electrical discharge)이 일어나자 아미노산과 탄소 분자가 발생했고, 이것들이 물과 질소와 결합해서 단순한 형태의 삼차원 구조물을 만들어냈다. 얼마 가지 않아 가느다란 형태의 아미노산은 우연한 기회에 복잡한 나선형 형태로 변형된다. 그렇게 최초로 단백질이 탄생했다. 단백질은 고분자 물질(macromolecules)로, 흔히 '환경'이라 부르는 지구상의 모든 화학 작용에 관여한다.

수없이 많은 아미노산이 오랜 기간에 거쳐 생성과 결합을 반복하고 있었는데, 이때 원생액에서 기적이 일어났다. 생명체가 탄생한 것이다. 그때만 해도 자신을 복제하지 못하는 초보적인 수준의 막(membrane)에 불과했지만, 어엿한 첫 세포의 모습이 그렇게 갖춰졌다. 하지만 이 세포는 태어나자마자 곧 사라졌다. 촛불이 되지 못한 불꽃처럼 생명으로 이어지지 못했다. 무의미한 탄생은 그 뒤로도 무수히 반복되었다. 수백만 년 동안이나 이어지다 마침내 자기 복제가 가능한 세포가 등장했다. 그렇게 무의미한 탄생은 막

●● 어떤 물질대사나 화학 반응 등에서 최종적으로 얻을 수 있는 특정 물질이 완성되기 전, 그 단계의 물질

을 내리고 생명으로 이어지는 두 번째 기적을 낳는다. 인류는 그 이후로 계속된다.

최초의 원시 세포(cellular progenitors)는 대량으로 증식해 지구 표면 대부분을 뒤덮었다. 심지어 지구의 울퉁불퉁한 표면에까지 들러붙었다. 안데스산맥 수직 암벽에 위태롭게 매달렸던 나와는 다르게 이 생명체는 바위에도 굳건히 붙어 있었다. 조금 더 지나자 세포들은 혁명을 일으켰다. 서로 협력하며 공존하기 시작한 것이다. 한마디로 이 세포들은 하나로 합쳐졌다. 이는 인류 역사상 그 어떤 생명체도 이루지 못한 대단한 성공이자 자극이었다. 두 세포는 한정된 영양분과 공간을 차지하려고 서로 경쟁하는 데 최적화된 구조물에 불과했다. 하지만 이들은 생존을 목표로 한 경쟁을 포기하고 다른 방법을 찾으면서 모험할 수도 있다는 새로운 가능성을 보여 줬다. 한 세포가 다른 세포를 삼키는 형태였지만, 완전히 먹어 치운 건 아니었다. 두 개의 단세포 생물이 합쳐지면서 순식간에 별도의 살아 있는 유기체로 태어난 것이다.

세포들은 서로 싸우기보다 협력하기로 했다. 생존에 필수적인 역할을 나누고 큰 세포는 작은 세포에게 거주 공간을 마련해 준다. 작은 세포는 미토콘드리아mitochondrium로 알려진 생화학 발전소로 변해 새로 탄생할 세포 결합 반응에 에너지를 공급한다. 시간이 지나면서 비슷한 일은 또 일어났다. 이번에는 광합성(photosynthesis) 작용에서 구심점이 되는 엽록체(chloroplast)를 만들어 냈다. 이 일은 거의 15억 년 전에 일어났다.

이렇게 세포간 서로 협력하고 공생하려는 현상은 뜻밖의 성공을 거두었고, 인류의 무궁무진한 가능성을 새삼 보여 줬다. 단일 미토콘드리아를 내장하고 있던 세포는 두 개 이상의 미토콘드리아를 가지는 진핵 세포(eukaryotic cells)로 진화했다. 진핵 세포는 세포막으로 둘러싸여 있고 내부에 유전자 청사진(genetic blueprint)을 가진 핵(nucleus)을 포함하는데, 이들이 곧 생명체가 발생하기 전, 초기 세상의 지배자들이다.

생명체가 단세포 생물에서 다세포 생물로 진화하면서 생화학 발전소에서는 다양한 종을 세상에 내놓기 시작했다. 곰팡이, 연체동물, 포유류, 유인원 그리고 인류까지. 하지만 발전소의 움직임은 여기서 끝나지 않았다. 초기 단계 세포에 불과했던 우리 조상들은 태양 빛에 함유된 에너지를 끌어올 장치를 발명해 인류에게 편안한 미래를 선사했다. 우주를 통과한 햇볕은 지구에 닿아 오늘날 거의 무한한 에너지로 사용되고 있다.

영원히 내리쬘 것 같은 태양광은 지구 역사상 커다란 행운의 존재나 다름없다. 빛에너지로 물을 분해하는 작용은 미래 생명의 근본을 바꿔 놓았다. 박테리아는 광합성 작용을 발견하게 했고, 햇볕에서 에너지를 추출해 물을 분해하는 기술을 최초로 선보이기도 했다. 물을 분해하면 대기 중으로 산소가 방출된다. 물 분자는 각각 두 개의 수소 원자와 한 개의 산소 원자로 나뉘는데, 산소 원자 두 개가 모이면 산소 분자(O_2)가 된다. 대기를 이루는 성분 중 가장 중요한, 인류가 호흡하는 데 꼭 필요한 바로 그 산소가 되는 것이다. 이때 조류(algae)는 광합성 박테리아를 흡수해 물속과 대지 양쪽 모든 영역에서 광합성 작용과 물 분해 작용을 일으킨다.

이러한 지구 대기 환경의 변화는 향후 생명이 탄생하는 데 초석을 다졌다. 사람들이 먹는 음식물은 광합성 작용을 하는 식물이 만들어 낸 다양한 유기탄소(organic carbon) 결합체로, 우리 몸 안으로 들어와 연소 및 분해된다. 식물이 햇볕의 힘을 빌려 공기에서 이산화탄소를 흡수하면, 우리는 이 식물의 바이오매스biomass(특정 공간 안에 존재하는 생물의 양으로, 중량이나 에너지양으로 나타낸다—편집자)를 몸 안에서 소화, 흡수(연소)해 에너지원으로 사용하는 것이다. 사람들은 에너지를 단순히 열로 전환해 배출하는 게 아니라,

복합 인산염(phosphate compounds) 형태로 몸속에 저장해 뒀다가 필요할 때 활용한다. 이 작은 인산염 배터리는 인간이 섭취한 음식물과 체내 산소가 결합하면서 충전되는 구조다. 우리가 숨을 내쉬면서 배출하는 이산화탄소를 대기 중의 박테리아나 식물이 받으면 전체 사이클이 완성된다.

박테리아와 식물은 지속적인 생명 사이클이 움직이는 데 동력이 되는 에너지다. 인류는 더 독립적이며 생산성이 비교적 높은 다른 생명체, 그리고 그것들이 만들어 낸 요소에 의존하는 소비자에 불과하다. 이미 오래전부터 선조들을 포함한 전 인류는 이렇게 소비 역할을 해 왔다. 그뿐 아니라 환경과 끊임없이 상호 작용하며 지구의 대기를 오늘날과 같은 구성으로 만드는 데 주력했다. 어떤 생명체도 이 사이클을 벗어날 수 없다.

과거에는 이 과정이 매우 느릿느릿 진행되었다. 그러는 사이, 다양한 종의 생명체가 적응하거나 도태했다. 그런데 지난 200년간은 이 과정이 너무도 빨라서 어떤 생물도 제대로 적응하지 못했다. 수백만 년이라는 시간 동안 지구의 지각에 켜켜이 쌓여 있던 석유가 채굴 과정을 거쳐 소비되기 시작하면서 다량의 이산화탄소가 발생한 탓이다. 이산화탄소는 현재 태양열을 묶어 두는 역할을 하고 있다. 시간의 흐름으로 만들어진 이 화석 연료는 자동차와 에어컨을 가동하는 데도 사용되지만, 동시에 대기 온도를 높이는 주범으로 소임을 다하고 있다.

원시 박테리아(archaebacteria)라고 불리는 초창기 박테리아는 산소로 가득 찬 대기에 적응하지 못했다. 우리는 이 사실로 주위 환경에 어울리지 않는 생존법을 고수하는 생명체는 결코 번창할 수 없다는 것을 깨닫는다. 오늘날 이 원시 박테리아는 산소가 없는 깊은 땅속에만 존재한다. 우리가 환경에 주의하지 않으면 인류도 곧 이와 비슷한 과정을 거쳐 차츰 사라지다 소멸할 운명에 처할지 모른다.

나는 운 좋게도 안데스산맥에서 살아남았다. 전혀 예상치 못한 이가 나를 도와줘 얼음으로 뒤덮인 암벽에서 내려올 수 있었다. 브라운슈바이크에 있는 내 고향 마을인 마인Meine[독일 소재의 도시이며, 소유 대명사 '내 것(mine)'을 의미한다]에서 동쪽으로 160킬로미터 떨어진 국경에는 1952년부터 1990년까지 독일을 둘로 가르는 철장막이 드리워 있었다. 그 동쪽 너머에 내 또래의 한 소년이 살았다. 소년은 남아메리카의 등반가들이 쓴 책을 읽은 뒤로 동유럽 공산권이 아닌 다른 곳들이 궁금해졌다. 그는 목숨 걸고 동서독 국경을 넘어 무사히 서독에 도착했다. 어느 정도 돈을 모은 다음 에콰도르행 비행기에 올랐다. 전설적인 침보라소Chimborazo 산 정상, 지구 중심에서 가장 멀리 떨어진 지점을 정복하겠다는 꿈을 실현하기 위해서였다. 그의 꿈은 이루어지지 않았지만, 대신 제때 도착해 나를 구했다.

우리는 해발고도 5,000미터에 있는 윔퍼 대피소에서 만났다. 고삐 풀린 망아지 같은 성격에 누군가에게 의지하는 일이란 상상조차 할 수 없는 두 사람이었지만, 같이 산에 오르기로 의견을 모은 터였다. 기존 등산로 대신 새로운 등산로를 개척하기로 했다. 기존 등산로는 떨어지는 얼음과 돌덩어리로 몸살을 앓고 있었다. 바로 전날만 해도 아기 머리만 한 돌덩어리가 시속 160킬로미터 속도로 떨어졌는데, 몇 센티미터 차이로 내 귀 옆을 지나갔다. 그때 그 소리와 장면이 아직까지 생생하다. 로프도 없이 빙벽에 고립된 상태였고, 아이스 피켈은 배낭 위쪽에 묶여 있어 손에 닿지도 않았다. 그때 당시 동독 탈주민 신분이던 그 친구가 목숨을 걸고 안전 로프도 없이 내가 있는 곳까지 올라와서 아이스 피켈을 잡을 수 있도록 도왔다. 그리고 위험한 얼음 구덩이를 건너서 산 아래 베이스

캠프까지 안전히 내려갈 수 있도록 나를 이끌었다. 물론 그는 이제 자유민이 되었다.

그 친구 이름도, 얼굴도 가물가물하지만, 그에게 난 생명의 빚을 졌다. 난 그때 다시 태어난 거나 다름없다. 운이 좋아 누리게 된 두 번째 삶으로 무엇을 해야 할까? 어쩌면 독일이 인위적으로 가른 분단의 벽이 어떻게 변했는지를 보면서 힌트를 얻을 수도 있겠다. 1989년 11월 9일 동독 주민에게 국경이 개방되었고, 곧이어 베를린 장벽이 무너졌다. 비유적으로도 실제적으로도 결과는 달라지지 않는다. 길거리는 수십 년 만에 자유를 얻은 사람들로 인산인해를 이루었다. 해당 주말에 동독과 서독 주민들은 처음 보는 사람인지 괘념치 않고 아무나 붙들고 축하의 포옹을 해댔다. 오랫동안 나뉘었던 두 개의 독일이 하나로 통일되면서 희망은 넘쳤고, 협력과 번영을 기대하는 마음으로 충만했다. 미래가 우리 손에 있다고 믿어 의심치 않았다.

3
보호막 안에서 살아가기

우리 고향인 지구를 제대로 이해하기란 왜 이토록 어려울까. 인간
이 세계의 중심이 아니라 그저 일부일 뿐이라는 사실을 받아들이
는 것 또한 어렵기는 마찬가지다. 다시 말하면 이제껏 우리가 중시
하고 지키려 했던 구분들은 애초에 존재하지 않는 허구에 지나지
않는다. 자기 자신을 제외한 모든 존재를 주변 환경으로 치부하는
태도는 인간이 오랫동안 가져온 망상일지도 모른다.

벌이나 나비 같은 곤충이 먹이와 사랑을 찾아 끊임없이 꽃가루
를 옮기며 떠도는 것처럼, 인간의 몸도 비슷하다. 항상 유동체의

방문을 받는다. 특히 가스나 물 같은 성분은 쉼 없이 우리 몸 안팎을 드나드는 존재들이다. 이렇게 기체(산소)와 액체(수분)가 들락날락하며 몸에 생명력을 불어넣는 동안 우리는 셀 수 없이 많은 분자를 흡수하고 또 배출한다. 몇몇 분자는 물에 녹은 채로, 몇몇 분자는 바람에 실려 몸 안으로 들어온다. 홀로 떠도는 분자는 드물고 복합 분자 형태가 일반적이다. 얽히고설킨 복합 분자가 흔히 말하는 외부 환경에서 우리 몸 안으로 쉴 새 없이 들어왔다 나가는 것이다. 일부 분자는 자기장 비슷한 보호막에 싸여 작은 구 형태로 몸속으로 들어온다. 보호막 안에 아무것도 없는 분자가 있는가 하면, 중요한 무언가를 품고 있는 보호막도 있다. 그리고 어떤 보호막은 유독 물질로 가득 차 있다. 그리고 어떤 보호막은 그대로 살아남는다.

미생물! 그들은 인간의 영원한 동반자다.

몸속에 존재하는 세포들은 인체를 자유롭게 드나드는 미생물보다 크기가 크다. 그리고 몸속 세포는 이 미생물과 서로 잘 섞이고 어우러진다. 물을 가르기가 쉽지 않은 것처럼, 어디까지가 우리 몸이고 어디부터가 보호막에 둘러싸인 미생물인지 정확히 설명할 수는 없다. 애초에 그런 구분은 그리 중요하지 않을지도 모른다. 인간의 몸과 그 안에 존재하는 미생물은 분리할 수 없는 관계이고, 분리되어서도 안 되니 말이다. 인간의 세포 수는 우리 몸 안에 종속되기로 마음먹은 미생물 수보다 적고, 인체의 신비에 관여하는 세포 조직과 비교해도 절반이 채 되지 않는다. 이렇게 공생 관계로 존재하는 게 바로 미생물 군집(microbiome)이고, 우리 몸 안에서 살아가는 세포 개체 수는 수십조 개에 이른다.

이는 인체가 결코 깨끗할 수 없다는 사실을 말해 준다. 결국 인간의 면역 체계는 환경 미생물과 균형을 맞추며 살아갈 수밖에 없는 것이다. 미생물이 없는 상태란 곧 영양실조, 질병, 조기 사망으로 이어질 수도 있는 부적합한 몸 상태를 의미한다.

러시아의 목제 인형, 마트료시카Matryoshka처럼 우리 몸은 막으로 둘러싸여 있는 구조다. 이 막은 다양한 면적과 층으로 이뤄져 있는데, 세포 입장에서는 막의 존재가 곧 신체의 구성 단위를 가르는 경계선과 다름없다. 생물에게 막은 곧 피부를 의미한다. 그보다 더 넓은 관점으로 보자면 인류가 생존하기 위해 의지할 수밖에 없는 일종의 보호막이다.

인간이 생명을 이어가도록 돕는 가장 여린 보호막의 존재를 파악하고 싶다면 날씨 좋은 날 밤에 광공해(light pollution, 네온사인이나 조명 같은 인공 불빛으로 공중의 먼지층이 희뿌옇게 되는 공해 현상—편집자)가 없는 곳으로 가 보자. 그곳에서 우리는 지구 주위를 가만히 공전하며 태양 빛을 반사하고 있는 국제 우주 정거장(인공위성)을 볼 수 있다. 무중력 상태가 만들어 낸 가느다란 띠가 우주 공간(outer space) 초입에 자리한 우리 행성 둘레를 돌고 있다. 이는 인류의 대담함과 국제 협약의 한 상징물이다.

지구는 더 큰 외부 보호막도 가지고 있다. 형태는 비슷하지만, 인공위성보다 훨씬 거대한 대기층이다. 이 보호막은 완벽하게 지구를 감싸 해로운 방사선이 들어오는 것을 막고, 적당한 온기를 품고 있어 우리를 안락하게 한다. 또한 우리가 삶을 유지하기에 알맞은, 호흡하기 좋은 공기를 공급한다.

2012년 내가 속한 연구팀은 작은 보호막인 국제 우주 정거장에서 환경 샘플을 채취해 분석했다. 그렇게 하면 지구라는 행성에서 살아가는 우리의 삶이 얼마나 지속 가능한지 알 수 있을 것이라 여겼다. 먼발치에서 지구를 바라보면 인간의 몸에서 일어나는 다양한 화학 반응을 조금 더 통찰력 있게 바라볼 수 있을 것만 같았다.

그동안 우리 연구팀이 분석한 환경 샘플은 수만 개에 이르지만, 이번 샘플은 값을 매길 수 없을 정도로 더없이 각별했다. 이 물 분자 샘플들은 실로 어마어마한 속도로 먼 거리를 달려 지구에 도착했다. 우주 정거장에서 출발한 인공위성은 무중력 상태인 지구 둘레를 따라 시속 2만7천 킬로미터로 이동하게 되는데, 그 길을 달려 이곳으로 온 셈이다. 수년 동안 지구 궤도를 돌면서 여러 승무원의 몸을 거친 이 샘플은 플라스틱병에 담긴 채 대학교 실험실에 도착했다.

긴 여행을 마치고 돌아온 이 물은 90밀리리터가 조금 안 된다. 처음에는 공룡이 배출한 오줌이었던 게 순환되어 깡통 속에 담긴 채 우주로 나갔을지도 모른다. 거기서 액체는 우주인이 되었다가 여자가 되었다가 다시 남자가 되고, 탁해졌다가 다시 맑아지는 등 변화를 겪었다. 그러고는 마침내 사람보다 더 큰 우주선에 실려서 우주 왕복선이나 국제 우주 정거장과는 비교도 할 수 없을 정도로 거대한 지구에 무사히 닿았다. 이 귀중한 액체로 우리는 무엇을 발견할 수 있을까.

우주 비행사들은 그들이 설계한 생명 유지 장치 안에 머무는 동안 화학 물질에 노출된다. 이 물을 분석해 노출 정도를 파악하면 우리는 무엇을 알게 될까. 결괏값이 우리에게 말하려는 바는 무엇일까. 우리 연구팀은 그 액체 샘플이 인류가 발명한 잔류성 화학 물질(persistent chemicals)로 찌든 걸쭉한 수프라는 사실을 발견했다. 그리고 우리가 살아가는 지금이 인류가 아직 대비하지 못한 '새로운 시기' 즉, 인류세(anthropocene*)라는 것을 증명할 증거를 찾았다.

미국 항공 우주국(NASA)과 협력 업체들은 우주 액체 샘플에서 발견된 성분을 공개하지 말아 달라고 요청했다. 하지만 비밀은 오래가지 못할 것이다. 너무 많은 증거가 우리 몸 안팎에 숨어 있다. 그 내용이 궁금하다면 인류의 고향인 지구를 둘러싸고 있는 보호막에 다시 집중할 필요가 있다.

• 인간의 활동으로 지구의 시스템이 결정되는 지질학적 시대

4
인구가 무서운 속도로
늘고 있다

인류는 지구상에 출현한 이후 꽤 오랜 기간을 조연으로 살았다. 1800년대 초반에 반짝 변화의 조짐을 보이더니 1870년대 2차 산업혁명을 기점으로 본격적인 주연 행보를 시작했다. 자연을 향한 인간의 도전은 그 강도가 점점 거세지고 있다.

철도망은 눈 깜짝할 사이에 전국으로 퍼져 나갔고, 이제는 멀리 떨어진 오지마저 사람들의 손길이 쉽게 닿는다. 석탄을 연료로 움직이는 기계들은 놀랄 만큼 빠른 속도로 지구 표면을 뚫고 들어가기 시작했다. 그러면 그 안에 숨어 있던 보물이 모습을 드러냈다.

동시에 유독 물질도 함께 밖으로 흘러나왔다. 이 작업은 오늘날에도 이어지고 있으며, 파괴 속도는 점점 빨라지고 있다. 물론 석탄과 천연가스 덕분에 지구 곳곳은 발전을 거듭했다. 또한 사람들은 전신 기술을 발견한 뒤 또 다른 차원의 축복(지금은 중독 현상의 주요 원인이다)인 인터넷 세상을 예견했다. 인터넷은 현재 두려움과 희망의 원천이면서 동시에 전 세계를 하나로 이어 주는 중요한 커뮤니케이션 수단으로 자리매김했다.

이렇게 늘어나는 에너지에 맞춰 수요가 폭발했다면 그 어느 때보다 큰 변화의 소용돌이가 지구 곳곳에 닿았어야 맞다. 하지만 당시 세계 인구는 그만큼 많지 않았고, 폭발적인 증가를 한 번쯤 더 거쳐야 했다. 19세기 후반, 검은 황금이라 불리는 석유가 대량 소비되면서 바로 이 시기가 찾아왔다. 이때를 기점으로 사람들은 에너지를 새롭게 바라보게 되었고, 에너지의 역할을 기대하기 시작했다.

사람들은 그렇게 새로 발견한 에너지를 흥청망청 사용했다. 기회는 늘 열려 있었고, 석유는 마르지 않고 나올 것 같았다. 하지만 사람들은 1970년도 즈음에야 이 자원이 유한하다는 사실을 비로소 깨닫게 된다.

그전까지 사람들은 드디어 자연을 통제하고 지구를 정복할 수 있게 되었다며 새로운 꿈을 꾸기 시작했다. 댐과 터널, 방파제, 컨테이너선, 인공 강우까지 만들었고 토목 장비를 동원해 지구를 완전히 갈아엎기도 했다. 인류에게 자연이 두른 장벽은 무용지물이 되었고, 도무지 불가능이란 없어 보였다.

실내 거주 환경도 바뀌었다. 1940년대 말에 보급되기 시작한 주택용 에어컨은 주거로 기능할 공간을 더 넓히는 결과를 가져왔다. 에너지 절약과 안전을 이유로 사람들은 고층 건물로 모여들기 시작했고, 한때 경외해 마지않던 자연과 철저히 담을 쌓아 분리되었다. 그럴수록 불행의 크기도 커졌다.

오늘날 우리는 삶의 87퍼센트를 주로 실내에서 보내고, 6퍼센트는 자동차나 대중교통 안에 머무른다. 자연에 속하는 시간은 겨우 7퍼센트에 불과하지만, 그마저도 줄어들 수 있다. 자연과 인류 둘 다 멸망 위기에 처했기 때문이다.

자연은 인류가 없어도 되지만 인류는 자연 없이 살 수 없다. 어쨌건 아직은 안 된다. 아직 배워야 할 게 더 있고, 많이 의지하고 있다.

우리가 자발적으로 택한, 화려하면서도 비참한 감옥 같은 주거 공간은 공기 질이 바깥보다 두 배, 많게는 다섯 배 더 오염되어 있다고 한다. 이처럼 사람들은 당연하다고 여기는 것들로 인해 다시 자연과 직면한다.

석유로 움직이는 농기계, 석유에서 추출한 비료, 석유의 힘으로 끌어올린 관개수는 인간의 힘으로 어쩔 도리가 없을 것 같던 땅도 바꿔 놓았다. 이는 혁명과도 같았다. 척박한 미국 대사막(Great American Desert)을 농업·생산의 중심지 즉, 미국의 주요 곡창 지대로 일군 것이다. 미국 대사막 지역은 그레이트 플레인스Great Plains (북아메리카 중서부에 위치한 평원—편집자)의 서쪽이자 로키산맥의 오른쪽에 위치하는 지역으로, 서경 100도선(지구본 개념으로, 영국 그리니치 전문대를 지나는 본초 자오선에서 서쪽으로 100도 떨어진 경도선—편집자)을 아우르는 제법 넓은 땅이다. 1900년대 초반이 되자 인류는 화석 연료를 주요 에너지원으로 사용하기 시작했다. 오갈랄라 대수층(Ogallala acuifer)의 오래된 지하수(surface waters)를 식수원 및 관개수로 사용했는데, 둘 다 한 번 사용하면 재생되지 않았다.

이와 비슷한 형태의 농업 혁명은 미국뿐 아니라 세계 곳곳에서 일어났다. 현재도 이 과정은 끝없이 되풀이되고 있는데, 이로 인해 지구 공기는 심각하게 오염되어 독성을 띠게 되었다. 그리고 전 인류의 91퍼센트가 이 공기를 흡입하고 있다. 공기 중에는 그을음, 먼지, 그밖에 다양한 오염 물질이 들어 있고, 그중 일부는 식량을 대량 생산하는 과정에서 발생한다. 이 식량은 우리 몸 즉, 인간의 신체 질량(human biomass)을 성장시키는 데 필요하다.

과거에는 작물이 익어가는 시기가 모두 같아서 제철이 아니면 구하기 어려운 재료들이 있었다. 그러나 지금은 국제 무역 덕분에 언제, 어디서나 1년 내내 식량을 구할 수 있다. 기하급수적으로 늘고 있는 전 세계 인구가 이 농작물을 먹어 치우면서 그럭저럭 버티고 있다. 너무 많은 이들이 지구에 빨대를 꽂고 빠른 속도로 자원을 소진시키고 있는 셈이다. 하지만 에너지 및 수자원 고갈, 토양 오염에 무너질 날이 얼마 남지 않았다.

해부학적으로 분류한 현생 인류는 지구가 생기고 20만 년이 지난 1804년에 인구 10억 명에 다다랐다. 그로부터 불과 한 세기 지났을 뿐인 1927년에는 20억 명을 돌파했고, 33년 뒤인 1960년에는 30억 명이 되었다. 나와 같은 연령인 마지막 베이비 부머baby boomer 세대가 탄생한 1964년 이후로 세계 인구는 또다시 두 배 이상 증가해 오늘날 77억 명을 뛰어넘었다. 이들이 사망할 즈음인 2045년이 되면 세 배 이상 늘어 94억 명을 기록할지도 모른다.

2008년도는 인류 역사상 주목할 만한 해였다. 이때 도시에 사는 사람 수가 농촌에 사는 사람을 처음으로 앞섰다. 2050년이 오면 전 세계 인구 세 명 중 두 명은 도시에 살고 있을 것이다. 기원전 130년경, 이탈리아 로마가 인류 최초로 인구 100만 도시가 된 것으로 추정된다. 근대 도시 중에는 런던과 뉴욕이 약 1,000년이 흐른 1810년과 1875년에 각각 인구 100만 도시가 되었다. 현재는 전 세계 500개 이상의 도시가 인구 100만 명 이상을 거느리고 있다. 자랑할 일인지는 모르겠지만, 이 도시 중 50여 곳은 현재 인구 1,000만 명 이상이 거주하고 있다. 사람들은 이런 장소를 '메가 시티'라고 부른다.

　사탕무를 가공하던 내 고향, 마인은 거주 인구가 약 3,000명이었다. 하지만 내 아이들은 400만 명 이상의 사람들이 사는 대도시, 미국에서 다섯 번째로 인구가 많은 이 도시에서 성년을 맞을 예정이다. 아이들이 사망할 때쯤 전 세계 인구는 110억 명이 될 것으로 예상된다. 인류의 생존 가능성은 식량을 만드는 데 사용되는 석유

연료 에너지를 그때까지 얼마나 대체할 수 있느냐에 달렸다.

지금도 전 세계 도시에서는 많은 이들이 태어나고 살다가, 그 도시에서 죽음을 맞이한다. 이들 중 상당수는 인간의 생존을 돕는 생명 유지 시스템을 제대로 겪어본 적이 없다. 갈증과 배고픔을 달래줄 비옥한 땅과 생태계를 한 번도 보지 못하고 '인류의 고향'이라 불리는 거대한 땅에서 살다가 어느 날 죽는 것이다. 이때 우리는 두려움 섞인 의문을 하나 갖게 된다. 경험해 보지 못한 세계를 어떻게 소중히 여기고 지킬 수 있을까.

5

다음 세대를
기약할 수 없는 시대

빠르게 늘고 있는 인구를 제어할 수 있는 존재가 있을까? 석유가 고갈되면 인구 증가 문제도 끝이 날까? 내리쬐는 햇볕을 에너지원으로 활용하는 녹색식물로부터 배울 점이 있을지도 모르겠다. 그들의 화학 반응을 깊이 이해하면 에너지를 이용하는 이들의 수요를 어느 정도 맞출 수 있지 않을까.

그러나 인류가 힘을 합쳐 방법을 찾는다 해도 다른 문제가 남는다. 다음 세대를 위해 유전자 청사진을 남겨야 하는데, 그것을 그릴 잉크가 모자라게 될 것이다. 인류의 유전자 정보는 핵산(nucleic acids)에 기록되어 있고, 이 핵산은 다량의 인을 품은 인산염 형태로 존재한다. 인은 신체가 자라는 데 꼭 필요한 원소지만, 현재 세계적으로 공급이 부족한 상황이다. 이는 많은 양의 인이 영농 대기업을 운영하는 데 낭비되고 있어서다. 지금처럼 농업이나 수자원 관리 시스템이 지속 불가능한 형태로 운영된다면 생명처럼 소중한 인은 계속 바다로 버려지게 될 것이다. 그렇게 인이 바닷속을 오염시키고 사라지면 다시는 우리 곁으로 되돌아올 수 없다.

이 문제는 미국의 콘 벨트corn belt 지역에서 시작됐다. 미네소타, 아이오와, 일리노이, 위스콘신, 미주리, 테네시, 아칸소, 미시시피, 루이지에나 등 다양한 주가 이 지역에 속하는데, 모두 미시시피강 주변에서 대규모 영농 기업을 이루고 있다.

매년 이들은 질산염과 인산염이 풍부한 비료를 농지에 살포한다. 덕분에 땅은 늘 영양 과잉 상태다. 단기적인 이득을 취하려고 땅을 장기적 고통에 밀어 넣는 셈이다. 예상치 못한 기상 이변으로 평균 수준 강우량을 뛰어넘는 비가 내린다면 땅에 채 흡수되지 못한 영양분은 농촌 인근 시냇가로 흘러들게 될 것이다. 그런 다음 거대한 미시시피강으로 유입된다. 이때 영양분뿐 아니라 수백만 년 동안 유기 성분이 충분히 쌓인 표토층(topsoil)도 같이 유실된다. 꼭 비바람이 아니라도 과도하게 땅을 갈아엎으면 표토층은 지하수(surface waters)로 스며들 수 있으며, 풍식 작용(바람 때문에 일어나는 침식 작용―편집자)으로 토양 구조가 완전히 무너지기도 한다. 한 번 이 사이클이 돌기 시작하면 죽음의 행진은 흐르는 물을 따라 이동한다. 북아메리카 대륙을 거뜬히 건너고 수천 킬로미터 떨어진 멕시코만까지 거침없이 나아간다.

영양 과잉으로 미국인에게 비만과 당뇨병이 유행처럼 늘어난 것처럼 과다한 인산염이 바다에 유입되면 엄청난 수의 조류가 해양 환경을 점령해 문제가 된다. 바다와 수로에 사는 수중 생물이 질식하는 비극적인 일이 벌어질 수도 있다. 산소가 부족해진 해양 지역은 호기성 대사(aerobic metabolism, 산소를 이용한 대사―편집자)에 의존하는 생물을 번식하지 못하게 막는다. 그렇게 바다는 죽음의 공간으로 전락한다.

매년 미시시피 삼각지대를 중심으로 벌어지는 이 엄청난 광경은 멕시코만 곳곳에서 발견된다. 물이 마지막으로 다다를 곳은 미시시피강이다. 독성 물질로 뒤범벅된 하천수는 멕시코만에 쏟아지고 뉴저지주 면적만 한 규모의 인근을 오염시킨다. 이 죽음의 방류는 걸프 해안 표면부터 해저 침전물에까지 영향을 미치는데, 그

때문에 해안은 저산소증(hypoxia)에 빠지고 이곳은 어류 같은 고등 생물이 영영 살 수 없는 환경이 되어 버린다.

적당한 영양분을 섭취하면 어떤 생명이든 생존과 성장을 얻게 된다. 생물 다양성(biodiversity) 차원으로 봐도 꽤 유용하다. 하지만 과하면 죽음의 저주가 찾아온다. 이를테면 인산염과 질소 화합물을 먹어 치운 광합성 조류는 성장판이 열리다 못해 한계가 사라져 걷잡을 수 없을 만큼 분열과 증식을 거듭한다. 바닷속은 해저 몇 센티미터 앞을 볼 수 없을 정도로 조류로 가득 찬 상태가 된다. 유광층(photic zone*)보다 아래로, 어둠이 깔린 곳으로 더 내려가면 용존 산소(dissolved oxygen, 물속에 녹아 있는 산소량—편집자)에 의존하는 전체 생태계는 이미 붕괴해 있다. 그렇게 바다 깊은 곳에는 죽음이 도사리고 있다.

광합성 조류가 비대해지면 여기저기 떠돌다가 진정 세균(eubac-teria)의 먹이가 될 수 있다. 이 세균은 조류를 소화하면서 다량의 용존 산소를 흡수한다. 이때 수중 산소가 재빨리 사라지면 용존 산소가 부족해지면서 저산소 지역이 생기는데, 이를 데드 존dead zone

* 수면에 닿은 빛 중 1퍼센트가 투과되는 물의 깊이로, 광합성이 일어날 수 있는 영역

즉, 죽음의 구역이라 부른다. 이곳을 떠다니던 영양분은 적합한 수온과 기상 조건을 만났을 때 더 비대해진다.

주로 봄에 이런 현상이 눈에 띈다. 이 문제는 여름 내내 언론을 타다가 영양화 과정이 다소 약해지고 태풍이 멈추면 잠잠해진다. 호기성 생물이 사라져서 물속에 산소가 공급되기 시작하는 가을이 오면 정말로 끝이 난다.

어떤 해에는 특별한 손님이 찾아와 자리를 빛내 주기도 한다. 한 예로 적조(Red tides)처럼 조류 대증식(algal blooms, 떠다니는 단세포 조류들이 단기간에 대규모로 증식하는 상태—편집자)을 하는 여러 단세포 중 특별히 유명해진 생물도 있다. 적조는 소위 와편모충(dinoflagellates)이라 불리는 식물성 플랑크톤이 대표적인데, 이들은 무차별적으로 번식해 퍼지면서 해양을 붉은색으로 물들이고 다량의 독성 물질을 뿜어낸다. 그로 인해 물고기, 거북이, 새우, 돌고래 및 기타 해양 포유류들은 죽음으로 내몰린다. 이 해양 동물들은 적조가 나타나기 전까지 안전하게 살던 생물들이다.

1941년 이래 적조와 같은 조류 대증식으로 대량 소멸이 발생한 사건은 적어도 700회 이상이다. 이런 일이 한 번 일어날 때마다 10억 마리 이상의 동물이 몰살당했다. 수중 생태종의 90퍼센트

이상이 소멸했고, 엠파이어 스테이트 빌딩(미국 뉴욕에 있는 102층 초고층 건물 ―편집자) 1,900동 무게와 맞먹는 바이오매스 에너지가 사라졌다.

수중 생태계에 영양소가 과잉 유입되어 생기는 이 현상은 부영양화(eutrophication)라고도 불리는데, 멕시코만에서만 일어나는 특이 현상은 아니다. 체서피크만Chesapeake Bay, 흑해, 발트해, 태평양을 비롯한 전 세계 곳곳에서 일어나고 있다. 부영양화로 바다의 모든 생물이 죽는 사태까지는 일어나지 않았지만, 육지에서 바다로 유입된 인이 세계 바다를 오염시키는 일은 현재 인류 생존에 큰 위협을 가하고 있다.

이 사건의 전말에 붙일 이유나 논리는 따로 없다. 에탄올 연료를 만들기 위해 정부 보조금까지 받으면서 옥수수를 재배했지만, 결국 마이너스 에너지 균형(negative energy balance) 상태에 빠졌을 뿐이다. 여기에는 여러 로비스트와 각 지역의 정치인들이 깊이 연루되어 있다. 쉽게 말하면 A의 물건을 빼앗아 B에게 준 격이다. 현대 사회는 첨단 기술로 농업 생산량을 확보했지만, 그 바람에 지구 생태계는 벼랑 끝에 내몰렸다. 그런데도 사람들은 여전히 석유를 낭비하고 있다. 석유에서 휘발유를 추출하는 데 드는 연료량으로 여전히 옥수수에서 에탄올을 추출한다. 이제 인류는 석유 없이 생존할 수 없는 지경이 되었다.

이런 어리석은 비즈니스 모델은 워싱턴 로비스트들의 작품이며, 선거가 있을 때마다 반복해서 주요 쟁점으로 떠오르곤 한다. 에탄올 연료를 생산하고 남은 옥수수는 고과당 옥수수 시럽(high-fructose corn syrup)으로 만들어져 거의 모든 식품에 첨가되면서 미국인의 비만에 크게 이바지했다. 가공하지 않은 옥수수는 생태 발자국(environmental footprint**) 지수를 심각하게 높이는 소나 염소 같은 낙농 대상 동물의 내장으로 강제 투입된다. 아니면 질 좋은 고기가 될 소의 사료가 되어 정상을 웃도는 엄청난 양의 고기를 생산해 내 미국인의 허기진 욕망을 채운다.

인은 우리 몸에 필수 불가결한 성분이지만 인체에서 자체 생성되지는 않는다. 그러니 자연에서 나오는 인을 섭취하는 수밖에 달리 방법이 없다. 하지만 인을 다량 함유한 광석을 채굴할 매장량은 급속도로 줄고 있다. 생명 유지에 필요한 이 원소는 석유와 수자원에 이어 제3의 자원이 될 가능성이 크다. 어쩌면 전 세계가 인을

** 자원을 재생산하거나 이산화탄소 같은 배출 물질을 흡수할 때 필요한 비용을 토지 단위로 환산한 지수

차지하려고 전쟁을 벌일 수도 있다는 위험한 전망이 나오고 있다. 매장량 자체가 풍부한 모로코나 중국, 알제리, 시리아 등의 지역이 장차 새로운 분쟁 장소로 떠오를지도 모르겠다.

인을 재활용(recycling)하지 못하면 세계적인 인 공급량은 조만간 바닥이 나고 말 것이다. 그 시점을 두고 다양한 의견이 나오는데, 2000년대 초반에만 해도 향후 50년, 길어봤자 100년이면 완전히 고갈될 것으로 예상했다. 하지만 이후 더 정확히 예측한 바로는 200~300년 정도 걸릴 것이라 한다. 8~12세대가 흐르는 기간이다. 이 시점에서 나는 묻지 않을 수 없다.

몇 세대 후에 인류가 멸망한다고 해야 만족할 것인가.

6

레이첼 카슨의
흔적을 찾아서

인류는 자연을 통제하기보다 자신을 절제하는 태도를 보여 줘야 한
다. 그 어느 때보다 이 시대가 사람들에게 그런 도전을 요구한다.

_ 레이첼 카슨

2007년, 나는 《침묵의 봄》 출판 45주년 기념식에 초청받았다. 그
때 메릴랜드 콜스빌 버웍 로드에 있는 그녀의 생가에 처음 방문했
다. 당시 나는 사람들 앞에서 환경 문제의 해결 방안을 연설하면서
레이첼 카슨의 업적을 기념했다. 누군가가 평생에 걸쳐 쌓은 업적

을 50여 년 동안 기리면서도 필요한 대책이 제대로 마련되지 않는 현실을 지켜보는 것은 어떤 심정일까.

레이첼 카슨의 연구 성과와 그녀가 품었던 의구심은 지난 5년간 내 교수 생활에 많은 영향을 미쳤다. 나는 독일에서 미국으로 건너온 이민자 신분에 '생물학자'라는 직업을 가진 탓에 취업이 쉽지 않았다. 그래서 환경공학 전공으로 다시 석사 과정을 밟은 뒤 샌프란시스코 인근에 있는 미국에너지연구소에 연구원으로 취직해 잠시 일했다. 그런 다음 존스홉킨스대학교 공중보건대학 환경보건학과 조교수로 자리를 옮겼다.

생활비가 비싼 샌프란시스코에서 미국 동부 지역의 명문 대학으로 이직하는 일은 사실 꽤 매혹적인 제안이었다. 그렇다고 미국 서부의 광활한 혜택을 포기하는 게 쉬웠던 것은 아니다. 하지만 학과장과 몇 차례 대화를 나누고 나는 결단을 내렸다. 마침내 세계에서 가장 큰 공중보건대학으로 이직하기로 한 것이다.

메릴랜드 생활을 막 시작했을 때는 사실 탐탁지 않은 부분도 있었다. 하지만 나와 내 아내는 이곳의 매력에 금세 빠져들었다. 급여는 겨우 먹고 살 정도 수준이었다. 둘째를 임신 중인 아내는 첫째를 돌보며 전업주부로 지내야 했기 때문이다. 샌프란시스코의

딩크족{double income, no kids(DINK)}에서 졸지에 이전 수준의 반도 안 되는 수입으로 어떻게든 살아보려 애쓰는 외벌이 가족으로 전락한 셈이다.

하지만 삶의 질을 수입으로만 평가할 수는 없다. 메릴랜드, 그중 볼티모어시는 숨은 보석 같은, 가식이라고는 찾아볼 수 없는 누구에게나 열려 있는 도시였다. 개인 프라이버시를 중시하는 샌프란시스코 특유의 2미터 높이 담장은 사라졌다. 이따금 수리가 필요한 낡아빠진 현관을 갖게 되었지만, 친절한 이웃들은 아는 사이건 모르는 사이건 상관없이 사람들을 집으로 초대해 파티를 열었다. 우리는 물이나 주스, 와인, 맥주 등을 가볍게 나눠 마시며 이야기를 나누곤 했다. 반딧불이가 날아다니는 여름날, 기나긴 저녁을 함께하며 우리는 이웃들과 기쁨과 슬픔을 공유했다.

카슨이 자신의 고향을 사랑하고 주위 환경의 아름다움과 섬세함에 매료된 것 또한 어쩔 수 없는 당연한 일이었다고 생각한다. 지금도 그녀의 집은 주변 나무와 덤불숲에 둘러싸여 있는데, 북미에서 흔히 볼 수 있는 새들에게 안식처 역할을 해 주고 있다. 기념식이 있던 그날, 내가 연설할 내용을 마음속으로 되뇌고 있는 동안, 일곱 살이었던 첫째와 이제 막 다섯 살이 된 둘째는 그 생가 뒷

마당에서 즐겁게 뛰놀고 있었다. 당시 나는 카슨이 40여 년 전에 이룩해 둔 학문의 궤적을 5년 내내 쫓고 있었다.

존스홉킨스대학교에서 내가 진행하고 있는 연구는 이상을 추구하려는 목적이 아닌, 보다 실존적이고 실용적인 의문에서 시작되었다. 가령 '후원금으로 꾸려가는 의학 및 전염병학 업계에서 전문적인 의학 교육을 받지 않은 연구원이 어떻게 살아남을 수 있을까?'와 같은 질문이다. 제아무리 의학대학교 교수라 해도 실험실 운영비, 조교들 생활비를 대기에도 빠듯한 연구 지원비를 차지하기 위해 늘 경쟁해야 하는 게 현재 의학계의 현실이다. 정년이 보장된 평생직장에서 학문의 자유를 누리며 사는 데에 만족해야 하는 걸까.

학계에 있으면 나름의 자부심을 느낄 수 있지만, 그만큼 경쟁이 치열하다. 연구 결과를 계속 발표하지 못하면 도태될 수밖에 없다. 그래서 '무엇을 연구해야 살아남을 수 있을까?'를 고민했다. 고심 끝에 환경 보건(environmental health)과 노출 과학(exposure science)에 집중하기로 마음먹었다. 생물적 환경 정화(bioremediation) 분야에서 배운 전문 내용 즉, 미생물을 이용해서 오염된 토양과 지하수의 독성 물질을 분해하는 기술과 인간의 건

강에 영향을 미치는 분자를 찾아내 수치화하는 분석화학 기술을
기초 지식으로 활용했다.

6년 동안 나는 인간이 만든 독성 물질이 지구를 오염시키고 인
류의 몸 안으로 침투한다는 사실을 밝혀냈다. 새로운 연구 분야에
매진하면서도 내가 레이첼 카슨의 추모식에 가게 될 날이 올 거라
고 상상하지 못했으며, 그로부터 4년이 지난 뒤 국회의원이 모인
국회의사당에서 그날의 일을 보고하게 될 줄도 예상하지 못했다.

1960~1970년대에 유년 시절을 보낸 사람이라면 다이옥신
dioxins이라 하면 독성 물질을 내뿜고 암을 유발하는 고엽제, 에이
전트 오렌지Agent Oragne(월남전에서 지상 식물 제거에 광범위하게 사
용되었다)를 떠올릴 것이다. 이탈리아의 세베소Seveso* 사건, 인도
의 보팔Bhopal** 참사, 미국의 러브 캐널Love Canal*** 사건, 미주리주
의 타임스 비치Times Beach**** 사건 같은 환경 재앙(environmental

• 1976년, 이탈리아 세베소의 화학 공장에서 다이옥신과 염소 가스가 누출된 사건
•• 1984년, 인도 보팔시의 살충제 공장에서 독가스가 누출되어 수천 명 이상이 사망
   한 사건
••• 1940~1952년 사이, 화학 회사가 나이아가라 폭포 부근의 러브 운하 인근 웅덩이
   에 유독성 화학 폐기물을 매립한 사건
•••• 비포장도로에서 올라오는 먼지를 해결하기 위해 화학 공장에서 판매하는 폐유
   를 도로에 뿌리면서 다이옥신이 유출된 사건

disasters)을 생각할 수도 있다. 사람들은 염소 여드름(chloracne)으로 피부가 엉망이 된 어린아이들 사진에 놀랐고, 기괴한 모습의 암 덩어리 사진에 충격받았다.

그러나 1990년대 이후에 학창 시절을 보낸 사람들에게 다이옥신이라는 단어는 더는 큰 의미가 없어 보인다. 혹시라도 유의미하다면 화학과 관련된 모든 것들에 자동 반사로 일어나는 혐오 반응일 것이다. 확실한 건 사람들이 알든 모르든 우리 몸에는 이미 다이옥신을 포함한 수백 종류의 오염 물질이 켜켜이 쌓여 있다는 사실이다. 그 물질이 매일매일 혈관을 타고 온몸을 순환한다. 그 축적량을 내가 속한 연구팀이 대학교 분석 실험실에서 매일 기록하고 있다.

다이옥신은 인류가 유기염소 화합물(organochlorines) 합성 과정을 알아내기 훨씬 전부터 자연에 존재했다. 그러나 그 원천(source)과 존재량이 지난 두 세기 동안 엄청나게 변화했다. 210여 종의 동족 계열(congeners) 구조를 띠는 다이옥신은 선사시대 화산이 폭발하거나 산불이 일어났을 때 우연히 발생하는 물질에 지나지 않았다. 그러나 유기염소 화합물의 합성 기술이 발달하면서 다이옥신의 최대 원천은 인간이 되었다. 다이옥신은 자연 곳곳의 야생 동물과 식용 동물을 거쳐 이제는 사람들 몸속에까지 쌓이게 되었다.

과거 디디티와 같은 유기염소 화합물은 기적의 화학물로 각광받았지만, 레이첼 카슨은 바로 이 물질 때문에 《침묵의 봄》을 썼다. 탄소와 수소를 포함한 골격에 다른 분자를 합성하는 방법을 연구하던 화학자들에게 염소와 탄소의 결합은 그야말로 '지킬 박사와 하이드' 급의 발견이었다. 선형이든 구형이든 형태는 크게 중요치 않다. 일반적인 탄소 원자 집단을 염소 가스에 침잠한 뒤 수소를 없애고 염소 원자로 치환하면 기적의 화합물이 탄생한다.

유기염소 화합물이 전성기를 맞이했을 때, 이 기술은 거의 모든 물건을 만드는 데 적용됐다. 휘발유의 주성분이자 여섯 개의 탄소 원자 구조로 이루어진 벤젠benzene으로 시작해 소나무에서 추출한 캄펜camphene에 이르기까지 다양한 유기염소 화합물이 살충제의 원재료로 두루 사용되었다. 전구체를 자외선으로 쪼인 뒤 염소 가스에 노출하면 화학 반응을 일으켜 헥사클로로벤젠hexachlorobenzene과 톡사펜toxaphene이 만들어진다. 이 두 강력한 치사 작용제(killing agent)는 곧이어 대량 생산되기에 이른다.

헥사클로로벤젠은 벼에 생기는 진균성 질병(fungal disease)을 없앨 목적으로 널리 사용했으며, 670여 개의 각기 다른 유기염소 구조의 혼합물인 톡사펜은 주로 목화에 생기는 해충을 퇴치하고자 분사했다. 그로 인해 우리뿐 아니라 후손까지 오염된 음식, 오염된 옷에 긴 세월 노출되었다. 화학 물질이 농토에 살포되자마자 수많은 경로(pathways)로 우리에게 돌아온 것이다.

헥사클로로벤젠과 톡사펜은 살아 있는 것들을 죽이는 효과가 탁월했다. 먹이사슬(food chain) 구조의 상위 포식자인 동물종(a animal species)과 인간은 말할 것도 없고 익충마저 무참히 없애는 부작용이 일어났다. 미국은 그제서야 이 화학 물질의 사용을 금했다. 세계적인 사용 금지 처분은 2001년 스톡홀름회의(2001, Stockholm Convention)에서 결정되었다.

어떤 유기 화합물이든 염소화 처리 과정을 거치면 전에 없던 새로운 성질이 나타났지만, 디디티만큼 크게 주목받으며 혐오의 대상이 된 화합물도 드물다. 다이클로로다이페닐트리클로로에테인 Dichlorodiphenyltrichloroethane의 약어인 디디티는 무색, 무미, 무취인 살충제로 탄소 골격(carbon skeleton) 위에 다섯 개의 염소 분자가 결합된 형태를 띠고 있다.

디디티는 한때 그 어떤 합성 화합물보다 많은 생명을 구한 것으로 알려졌다. 말라리아를 전염시키는 학질 모기(anopheles, mosquito)

를 비롯해 기타 질병을 옮기는 많은 곤충을 박멸한 기적의 살충제가 바로 디디티다. 이 살충제는 군인과 민간인 사이에 만연한 말라리아와 발진 티푸스를 퇴치한다는 명목으로 제2차 세계대전 중반 이후 본격적으로 사용하기 시작했다. 디디티의 뛰어난 살충 효과를 가장 먼저 발견한 파울 헤르만 뮐러Paul Hermann Müller는 그 공로로 1948년 노벨 의학상을 수상하기도 했다. 미국에서도 디디티는 활발히 사용되었는데, 특히 코니아일랜드Coney Island나 록어웨이Rockaway 같은 뉴욕 해변을 찾은 사람들은 맨해튼과 롱아일랜드가 모기를 없애고자 트럭으로 살포하는 디디티 분말을 흠뻑 뒤집어쓴 채 다녔다.

하지만 예상을 뛰어넘는 강력한 살충력이 문제가 되었다. 대상을 가리지 않는 디디티의 살충력으로 다양한 폐해가 일어났다. 체내에 쌓이는 생물 축적(bioaccumulate) 능력, 먹이사슬의 상위 포식자로 옮겨 가는 생물 확대(biomagnify) 능력으로 사람들은 더 이상 새 울음 소리를 들을 수 없게 되었다. 미국을 상징하는 흰머리독수리(bald eagle)의 알껍데기가 얇아져 멸종 위기에 처한 것도 디디티 때문이라는 일화는 너무도 유명하다. 흰머리독수리를 포함해 미국인들이 소중하게 생각하는 많은 새들이 사라질 위기에 처하자

설립된 지 얼마 되지 않은 미국환경보호청은 1972년에 디디티 사용 금지령을 발표해 논란을 마무리했다.

곧 디디티를 대신할, 분자 구조와 기능 및 살충력이 유사한 다른 유기염소 화합물 살충제가 개발되었지만, 얼마 되지 않아서 디디티와 똑같은 부작용을 일으켜 사용이 금지되었다. 열두 개의 염화탄소 결합 구조를 가진 미렉스Mirex 화합물은 1977년에, 일곱 개의 염화탄소 결합(chlorine-carbon bonds)을 가진 헵타클로르heptachlor 화합물은 1978년에 사용 허가가 취소됐다. 1978년에는 살충제는 아니지만 변압기 절연유(transformer fluids)나 각종 전기 장치를 만드는 데 사용하던 폴리염화 바이페닐(Polychlorinated biphenyl, PBCs)의 사용을 전면 금지했다. 폴리염화 바이페닐은 열 개의 염화탄소 결합 구조로 이루어졌다. 엔드린endrin은 1984년에, 여섯 개의 염소 분자를 가진 헥사클로로벤젠은 1985년에 허가 취소 혹은 사용이 금지되었다. 각각 여섯 개의 염소 원자로 구성된 알드린adlrin과 디엘드린dieldrin 또한 1987년에 사용이 전면 금지되었다. 1988년에는 여덟 개의 염화탄소 결합 구조를 가지는 클로르데인chlordane의 사용 허가를 취소했다. 적게는 다섯 개, 많게는 열두 개의 염화탄소 결합을 가지는 톡사펜은 1982년에 최초로 허가가 취소되더니, 1990년에 이르러서는 전면 사용 금지 처분을 받았다.

오늘날 내가 카슨의 집에 초대받게 된 역사적 계기 또한 유기 화합물 때문이었다. 이는 개인 위생용품(personal care products)을 만드는 데 사용되는 항균 성분(antimicrobial ingredients)으로, 탄소 골격 구조에 겨우 세 개의 염소 분자가 결합한 형태다. 염소 분자의 수가 상대적으로 적다고 해도 부작용은 있었다. 조금 덜 나쁘다고 해서 해롭지 않은 건 아니니 말이다. 하지만 크고 작은 피해를 그렇게나 많이 경험했음에도 사람들은 여전히 복합 탄소 결합 유기물(polychlorinated organics)을 생산하고 있다. 나는 그 점에 자주 실망한다.

때로는 상황이 더 악화하기도 한다. 유기염소 화합물은 지구 곳곳에 쌓일 뿐 아니라 신체에 직접 바르는 화학 물질을 타고 몸속 깊이 자리하기도 한다. 대표적인 예가 여섯 개의 염소 원자를 가진 방향족 화합물(aromatic compound)인 헥사클로로펜hexachlorophene 이다. 헥사클로로펜은 애초에 박테리아를 없앨 용도로 개발된 합성물이다. 그런데 비누나 구강 세정제, 여성 질 세정제 등의 개인 위생용품을 만들 때 광범위하게 사용된다.

이 업계는 한동안 수백 종류에 이르는 위생용품을 만들 때 주원료로 헥사클로로펜을 넣었다. 하지만 1970년대 미국식품의약국(Food and Drug Administration, FDA)에서 '이 화합물에 강력한 신경 독소 성분이 함유되어 있어서 쥐와 새끼원숭이의 뇌를 손상시킨다'고 발표하자, 이전 규제 조치(regulatory action)와 달리 빠르게 사용을 금했다. 이 물질이 들어간 위생용품을 사용할 수 없게 한 것이다.

모순되는 지점은 헥사클로로펜은 인체에 닿을 목적으로 개발된 수많은 유기염소 화합물 중 하나에 불과하다는 것이다. 1957년에는 방향족 화합물과 염소를 결합해 트리클로카반triclocarban을 개발했다. 이 화합물은 두 개의 벤젠 고리(benzen rings)를 포함해 총 세 개의 염소 원자로 구성되어 있다. 트리클로카반은 강력한 항균 작용을 내세우며 고체 비누나 세제 같은 위생 관리 용품을 제조할 때 쓰였다. 단, 최대 5퍼센트 농축액 상태로 넣을 수 있었다. 7년이 흘러 1964년에는 발암성 다이옥신과 놀랄 만큼 유사한 탄소 골격을 가진 또 다른 항균제가 개발되었다. 가정 및 개인 위생용품에 널리 사용될 수 있는 트리클로산triclosan은 삼염소 처리 위생물질(trichlorinated sanitaion agent)의 첫음절을 따서 만들었다.

1950년대에 개발된 트리클로카반이나 1960년대 중반에 등장한 트리클로산 등의 항균 작용제는 처음에는 몇몇 제품을 만들 때만 사용되었다. 소비자들은 치은염 치료용 치약이나 살균 비누의 주원료로 알려진 이 화합물을 처음 접할 때부터 안정성과 효능에 의문을 제기했다. 트리클로카반은 다른 유기염소 화합물과 마찬가지로 병원과 치료실에서 사용하는 항균 세제의 원료였기 때문이다.

그러다가 1960~1970년대 즈음, 미국과 유럽에서 갓 태어난 아이들이 신생아 병동에서 원인 불명으로 사망하는 사건이 자주 일어났다. 역학 조사에 따르면, 사망한 아이들은 하나같이 항균성 유기염소 화학물이 함유된 세제로 세탁한 면 소재 옷을 두르고 기저귀를 차고 있었다. 천에 묻은 독성 물질은 제대로 헹궈지지 않아서 신생아들의 목숨을 노렸다. 이때까지 유기염소 화학물의 사용 범위는 크게 달라진 게 없었고, 규제 강화에 실패하면서 상상 이상의 비극이 일어난 것이다.

개인 위생용품에 들어가는 다른 항균제와 마찬가지로 트리클로카반과 트리클로산은 결국 미국식품의약국의 보고 절차로 미국 내 정식 규제 대상 화학물이 되었다. 1974년 미국식품의약국이 발표한 보고서 초안은 '이 물질들의 안전성 정보와 살균 효과 기록에 매우 심각한 결함이 있다'고 지적하고 있다. 이후 이 화학물들은 병원용 위생용품을 만드는 데 주로 사용되었다. 이에 미국식품의약국은 1978년 잠정적 최종 보고서(Tentative Final Monograph, TFM)를 업데이트하면서 '트리클로카반과 트리클로산은 여전히 안전성과 효능을 입증할 증거가 부족하다'고 강조했다.

1978년의 잠정적 최종 보고서는 안타깝게도 법제화되지 못했다. 그 뒤로도 한참 동안 같은 상태가 이어졌다. 그러다 1994년대, 동종 업계의 로비 활동으로 보고서 규제가 완화된 채 통과됐고, 항균성 비누를 의약품에서 제외할 수 있었다. 그러자 헥사클로로펜의 효능을 홍보하는 광고가 봇물 터지듯 넘쳐나기 시작했다.

업계 사람들은 실로 대대적인 광고 캠페인을 벌였다. '당신과 당신이 사랑하는 사람들을 지키려면 항균력이 뛰어난 개인 위생용품과 소비재를 구매해 사용해야 한다'는 식의 잘못된 정보로 광고 폭력을 게시한 것이다. 그 결과 미국의 상점과 슈퍼마켓은 항균 성분이 포함된 각종 제품으로 들어찼다. 비누, 세제, 구강 세정제, 탈취제, 학용품, 형광펜, 신발, 셔츠, 양말, 도어 매트, 카펫, 식탁, 애완동물 목줄 등 물품도 다양했다.

소비자들은 속임수에 쉽게 넘어갔다. 곧 미국의 전 가정은 세균과 결전이라도 치를 듯 항균성 개인용품을 집 안 곳곳에 비치해 무장했다. 세균 공포증(germophobia)을 겨냥한 산업은 수십억 달러 규모로 성장하며 엄청난 수익을 남겼다. 30여 년 전 신생아들의 생명을 앗아간 그 유기염소 화합물이 들어 있는 제품들인데도 말이다.

2000년대 미국의 항균 위생용품 시장은 1994년에 최종 보고서 내용이 완화된 지 10년이 채 되지 않아 포화 상태가 되었다. 과거 수십여 종에 불과하던 용품 종수가 2,000여 개로 크게 늘었다. 인류가 이런 화학 물질에 최초로 노출된 것이 의도적이었던 반면, 이제는 피할 수 없는 상황이 되어 버렸다.

이런 가운데 트리클로산이 환경 및 건강 문제에 악영향을 미친다는 연구 결과는 꾸준히 발표되고 있다. 1970년대에 미국환경보호청에서 발행한 보고서는 트리클로산이 암을 유발하는 맹독성 다이옥신 선행(pre-dioxin) 역할을 한다고 발표했다.

트리클로산은 다른 유기염소 화학물과 마찬가지로 위험 성분을 내포함과 동시에 또 다른 치명적인 특성을 가진다. 세균 증식을 막고 박멸하려는 목적으로 개발된 위생용품이 오히려 세균의 방어력을 키우는 결과를 낳는 것이다. 즉, 항균성 위생용품의 내성을 길렀을 뿐 아니라 대여섯 종류의 항생제에 대한 내성도 같이 키웠다. 이들 항생제는 인체 절단 수술 시 병원성 세균 감염(pathogenic microbial infections)을 막을 목적으로 처방해 환자의 생명이 위독하지 않도록 활용하던 약이었다.

이 일은 항생제 남용으로 이어지다 결국 다제 내성균(multi-drug-resistant pathogens, 다양한 항생제에 내성을 가지는 병균—편집자)이라는 새로운 병을 가져왔다. 이 질병으로 목숨을 잃는 사람들 수는 미국에서만 연간 2만3천여 명에 이른다. 개인 위생용품 업계의 대대적인 항균제 및 항박테리아제 광고로 미국은 '21세기 항균 치료 시대'에서 치료 방법이 없어서 팬데믹에 휩싸인 '중세 시대'로 되돌아갔다.

트리클로산의 위험성은 내가 존스홉킨스대학교에서 근무를 시작할 때부터 이미 세상에 알려진 상태였다. 그런데도 트리클로카반에 관한 상세 정보를 얻는 일은 매우 어려웠다. 이 부분에 의구심을 가진 우리 연구팀은 즉각 조사에 들어갔다.

대학원생 두 명과 박사 후 과정(postdoctoral scholar) 연구원으로 구성된 조촐한 우리 연구팀은 우선 미국의 각 가정에서 배출된 수백만 톤의 트리클로산과 트리클로카반을 모아, 이 물질로 인해 어떤 일이 벌어지는지 파악해야 했다. 트리클로카반이 환경에 미치는 영향을 보고한 연구가 거의 없는 상태였기에, 연구팀은 자연스럽게 각 가정의 배수관을 조사하기로 했다. 가정에서 구매한 항균성 제품은 주로 식기 전용 세정액과 청소 세제, 세안 및 샤워젤 등의 형태로 광범위하게 사용된다. 그런 다음 배수관을 통과해 하수구로 흘러가는 게 일반적인 처분 경로(disposal route)일 터였다. 이렇게 각 가정에서 배출한 생활 폐수(domestic wastewater)는 최종적으로 미국 전역의 강과 하천으로 모인다. 그러니 항균 제재의 영향을 제대로 파악하고 싶으면 오수의 흐름을 추적하는 게 가장 합리적이다.

2002년 우리 연구팀은 100퍼센트 트리클로카반 원액을 주문해 성분을 분석하기로 했다. 원액 용기에 표기된 내용을 보고 연구원들은 모두 경악을 금치 못했다. 라벨에 적힌 내용을 토씨 하나 빠뜨리지 않고 옮기면 아래와 같다.

돌연변이 유발 가능! 피부 트러블 유발 가능!
발암의 원인이 될 수 있음!

표적 장기: 신경계통, 심장

표적 장기: 간, 신장

정신이 똑바로 박힌 사람이라면 누가 이렇게 위험한 물질을 병원이나 가정에 반입하겠는가. 남녀노소를 막론하고 신생아까지 사용하도록 허락하겠는가. 4,800년간 사람들이 사용했던 일반 비누는 안전성이 높고 세정 효과도 뛰어나다. 그런데도 이 화학물이 포함된 제품을 사용할 특별한 이유가 있는지 의문이다.

환경 오염은 아무도 모르게 진행된다는 게 가장 큰 특징이다. 트리클로산도 연구가 45년 동안이나 진행되었지만, 아무도 그것이 지구상 어디로 흘러가는지, 어떤 결과를 초래하는지 알지 못했다. 마치 거주지도, 이메일도, 에스엔에스SNS 계정도 없는 실존하지 않는 사람 같았다.

트리클로카반은 환경과 인간에 미치는 영향이 겉으로 드러났음에도 위험을 직접 관찰할 수 있기까지 무려 45년이 걸렸다. 연구팀은 트리클로카반에 대한 정보가 부족했던 초반에 그 이유를 항균 성분을 특정하기 어렵다는 점에서 찾았다. 그래서 지금까지와는 다른 새로운 연구 방식을 고안해야 했다. 다행히 우리 연구팀은

2004년에 트리클로카반을 추적하는 새로운 기법을 발견해 학계에 발표했다. 이는 단일입자질량 분석기(single mass spectrometer) 또는 텐덤질량 분석기(two mass analyzer)를 활용해 숨어 있던 유해 물질을 찾는 방식이었다. 이 방식 덕분에 트리클로카반이 자연과 사람 몸에 어떻게 유입되는지, 그 경로를 파악할 수 있었다.

2007년 내가 카슨을 추모하는 연설을 할 때쯤 우리 연구팀은 이 새로운 분석 기법으로 트리클로카반과 트리클로산을 추적하는 데 성공했다. 숨어 있던 유해 물질은 드디어 세상 밖으로 모습을 드러냈다. 카슨의 고향인 메릴랜드주와 중부 대서양(mid-Atlantic region) 지역 곳곳에 이 물질들이 모여 있었다. 볼티모어시를 관통하는 북쪽 하천에서도, 워싱턴에서 방류한 하수를 처리하는 남쪽 오수 처리장에서도, 동쪽에 있는 체서피크만에서도 발견되었다. 이 화학 물질들은 메릴랜드 오수 처리장의 방어막을 가뿐히 뚫고 주 전역에 퍼진 하천으로 퍼져나가 지하수를 오염시켰다. 수자원 환경 내에 이 두 종류의 화합물이 발견되었던 것은 문제의 시작에 불과했다. 연구팀은 이미 미국 내 모든 수자원 환경이 트리클로카반에 오염되었으리라 예측했지만, 결정적인 증거를 찾아 증명할 일이 숙제로 남아 있었다. 그리고 그 화합물이 또다시 어디로 흘러가는지를 밝혀야 했다.

우리 팀과 동료 연구진은 미국 상수원(drinking water resoureces) 및 하수 처리장에서 발견되는 진흙(sludge) 성분을 곧장 살폈다. 여기 포함된 화학 물질 중 트리클로카반과 트리클로산은 상위 10위 안에 들 정도로 함유량이 많았다. 농축 농도와 축적 빈도로만 봐도 그 어떤 항생제나 처리 약품, 스테로이드 호르몬 함유량을 웃도는 수준이었다.

미국식품의약국의 잠정적 최종 보고서는 2017년에 드디어 마무리되었다. 1978년 초안을 작성하고도 40여 년이 흐른 뒤인 2018년 12월 20일에야 효력이 발생했다. 인류는 이 사례로 과학계가 눈에 보이는 성과에만 지나치게 집중하고 있다는 교훈을 얻을 수 있었다. 난해한 연구는 애초에 시작조차 하지 않았다는 점도 깨달았다.

이런 일이 또 생길 수도 있지 않냐고 묻는 사람이 있을 수 있다. 물론 대답은 '그렇다'이다. 뒤이은 원고에서 테플론Teflon을 이용한 유기불소 화합물이나 폐에 쌓이는 마이크로 플라스틱 등 다양한 오염 사례를 다룰 예정이지만, 우선은 카슨이 최초로 제시한 유기염소 화합물의 보고를 이쯤에서 마무리해야 할 것 같다.

카슨이 암으로 사망(1964년)하고 거의 10년이 지난 1972년에 헥사클로로펜이 안전상의 이유로 사용이 금지된 것처럼, 이를 대신한 삼염화 방향족 화합물(trichlorinated aromatic compound) 또한 그로부터 46년이 지나서 사용할 수 없게 되었다. 인류와 환경에 악영향을 미친다는 이유로 금치 처분이 내려진 것이다.

우리가 매일 사용하는 위생용품에는 이 지긋지긋한 화학물이 여전히 들어 있고, 이 물질은 놀랄 정도로 멀리 퍼져나가며 매우 오랫동안 자연에 잔류한다. 뉴욕 존에프케네디 공항 가까이에 있는 체서피크만과 자메이카만의 침전물에서 이전 세대가 사용하고 버린 위생용품의 독성 물질이 발견되는 식이다.

화학 물질은 여전히 분해되지 않은 채 그곳에 남아 있다. 나사 NASA가 우리 연구팀에 제공한 90밀리리터의 액체 샘플에서도 항균성 화학물이 검출되지 않았던가. 이 무서운 화학 물질들은 지구뿐 아니라 저 멀리에 존재하는 우주까지 오염시키고 있다.

나사는 우리 연구팀이 항균성 물질의 유무를 언급하는 데까지는 용인했지만, 우주인의 프라이버시 문제로 그 물질을 노출하는 발표는 허락하지 않았다. 그러나 우리는 메릴랜드주 주의회 의원들과 국회의원들에게 보낼 다양한 데이터를 이미 확보한 상태다. 2011년 2월에는 이미 워싱턴 의회 의사당에 모인 의원들과 참모진, 일반 대중 앞에서 미국에서 시판되는 2,000여 종의 개인 위생용품의 유해성을 증언한 바 있다. 정확히는 위생용품에 포함된 유기 염소제의 처리와 영향에 대한 보고였다.

이미 반세기 전에 나보다 먼저 대담한 발견을 이루고 가설을 세워 추적한 레이첼 카슨의 연구 자료를 정리하는 동안, 나는 내가 연구원이 아닌 과학사를 공부하는 사람처럼 느껴졌다.

7
더 나빠질 게 없다는 착각

사람들은 때때로 금전적인 이익을 위해 그것이 나쁜 일인 줄 본능적으로 알면서도 위험을 무릅쓴다. 1980년도, 대형 의약품 공급 업체의 제조 공장에서 근무할 때 나는 이 사실을 절감했다.

당시 나는 공장의 살균 소독실 철문이 양쪽으로 열리면 산소마스크를 쓰고 그 안으로 들어갔다. 종이박스가 켜켜이 쌓인 팔레트를 지게차로 꺼내는 게 내 일이었는데, 소독 가스가 축축이 내려앉은 박스에서는 내내 쿰쿰하면서도 감미로운 냄새가 났다.

그때 나는 이 일이 급여는 세도 건강을 생각하면 오래 하기 힘든 직업이라는 사실을 직관적으로 깨달았다. 종이박스 안에는 플라스틱 블리스터 팩blister pack(플라스틱 시트를 가열 성형하면 움푹 들어가는 공간이 생기는데, 여기 제품을 넣고 플라스틱 필름이나 알루미늄 포일로 덮어 밀봉한 것—편집자)에 담긴 주사기가 들어 있었다. 또 다른 임무는 주사기가 담긴 상자를 멸균 주기별로 구별해 나중에 화물용 배나 트럭에 얹을 대형 컨테이너 박스로 옮기는 일이었다.

나중에야 그 특이한 냄새가 산화 에틸렌(ethylene oxide) 때문이라는 사실을 알았다. 산화 에틸렌은 종이상자에서 나오는 무색의 폭발성 기체로, 유전자 변이나 암을 유발한다고 알려졌다. 이 화학 물질은 역사적으로 소위 열 압력탄(thermobaric weapons) 같은 무기를 만드는 데 이용됐다. 열 압력탄은 전통적인 폭탄보다 폭발의 충격이 훨씬 오래 지속되는 고열 폭탄(high-temperature explosive)으로, 외과 수술 같은 좁은 범위에서 지역 폭격 같은 넓은 범위까지 다양하게 사용되는 살상 무기였다. 위력만 보면 항균제를 썼을 뿐인데 타깃 목표인 세균뿐 아니라 야생 동물과 신생아를 모두 죽음으로 몰고 간 헥사클로로펜, 트리클로산, 트리클로카반 등의 유기염소 화학물이 떠오른다.

유기염소 화합물은 1940~1960년에 가장 널리 사용됐다. 그래서 그 이후를 살아가는 사람들이라면 '설마 또 같은 실수를 저지르지는 않겠지' 하는 일말의 기대감이 있었다. 역사는 우리가 기대한 대로 펼쳐지지 않았지만 말이다. 1960~2000년대까지 인류는 폴리염화 항균제(polychlorinated antimicrobials)를 지속적으로 사용했으며, 난연제(flame retardation, 발화 및 화재를 방지할 목적으로 섬유, 플라스틱, 전자기기 등 타기 쉬운 성질이 있는 물질에 첨가하는 화합물—편집자)로 브로민계 화합물(bromine chemistry)을 만드는 등 과거의 잘못을 반복했다.

지구 환경을 구성하는 원소들을 나열해 둔 원소 주기율표를 떠올려 보자. 사람들이 제각각 개성을 가지고 있는 것처럼, 이 표도 아무런 특징 없는 원소들을 이유 없이 나열해 놓지는 않았다. 가만히 보고 있으면 나름의 질서 정연함이 있다. 자연 철학도 인류에게 비슷한 가르침을 주고 있다. '자연은 비약하지 않는다(Natura non facit saltus, 스웨덴 식물학자인 린네와 독일의 수학자 라이프니츠가 남긴 말—편집자)'라는 말을 예로 들 수 있을 것 같다. 이는 자연은 중간을 생략한 채 뛰어넘지 않는다는, 연속적으로 작용한다는 의미다.

1940~1960년대가 지나가고 그 이후에 이르러서도 유기염소 화

합물 관련 폐해는 좀처럼 줄지 않았다. 많은 이들이 아픔을 겪었으니 사람들은 당연히 화학자들이 새로운 화학품을 개발하거나 대량 생산할 때 이전보다 더 신중하게 접근할 것이라 예상했다. 그들만이 가진 통찰력을 발휘하길 바랐다. 하지만 예상은 보기 좋게 빗나갔다. 오래전 널리 알려진 격언 중 사람들이 흔히 알베르트 아인슈타인Albert Einstein의 말로 오해하는 인용문이 잘 어울릴 듯하다.

"천재와 바보는 한 끗 차이다. 천재는 한계가 있지만, 바보짓에는 끝이 없다."

인류가 다음번에 새로운 화학 물질을 만든다면 어떤 일이 벌어질까. 또 어떤 실수로 인간과 자연을 엉망진창으로 만들까. 보나 마나 원소 주기율표상에서 염소와 가장 유사한 원소로 화학물을 만들 확률이 높다. 그렇게 만든 물질을 각 가정과 사람들에게 마구잡이로 안긴 뒤 지난번과 다르게 좋은 결과가 나오길 학수고대할 것이다.

상대성과 개별적 특성을 기준으로 정리된 주기율표를 들여다보면 염소와 브로민bromine은 할로겐halogens 원소 그룹에 속하며, 꽤 가까이에 위치한다. 하지만 주기율표상 할로겐 원소는 안정한 상태를 이룬 원소 그룹과 살짝 거리를 두고 있는 만큼 반응성(restless bunch)이 큰 편이다. 다만 원자핵(nucleus)을 중심으로 도는 전자가 외각 전자가 껍질(outer valence shell)을 가득 채우면 안정적인 결합 상태가 된다. 이는 마지막 빈자리까지 가득 찼을 때 비로소 매진을 외칠 수 있는 오페라극장을 떠올리게 한다.

주기율표상 할로겐 원소의 오른쪽에 있는 18족(Group 18)이 바로 완벽한 안정을 이룬 상태다. 다른 말로 비활성 기체(noble gases) 상태라고 한다. 이들은 더할 나위 없이 다루기 쉬우며, 기본적으로 반응성이 거의 없다. 자체로 이미 완벽한 단원자 분자(solitaire atoms)이기에 다른 원소나 다른 족의 대표 원소와 결합할 생각이 없는 상태인 셈이다. 결합하려는 강한 힘도 부족하고, 욕망을 채우려고 불같이 움직이지도 않는다. 18족 원소들은 그야말로 안분지족을 깨달은 고독한 수도사 같다.

독자들은 아마 항공기의 역사나 광원(light source)을 다룬 책을 읽으며 비활성 기체에 대한 정보를 접한 적이 있을 것이다. 비활성 기체가 주목받기 시작한 시기는 1937년이다. 그해 체펠린 비행선

회사가 설계, 운영한 힌덴부르크Hindenburg 호가 폭발하는 사건이 일어났기 때문이다. 당시 비행선은 가연성이 매우 높은 수소를 저장해 부력을 얻었는데, 폭발 이후 사람들은 에너지원으로 비활성 기체인 헬륨helium을 사용했다. 헬륨 가스는 수소와 비교했을 때 훨씬 안전하고 안정적인 원소였다. 같은 이유로 네온neon, 아르곤argon, 제논xenon 등의 원소도 주목받았는데, 안전하고 구하기도 쉬운 이들 원소는 백열등이나 형광등의 광원으로 널리 이용됐다.

주기율표상의 모든 원자는 비활성 기체처럼 전자 안전성(electronic status of nobility)에 도달하기를 간절히 원한다. 그래서 양파처럼 여러 층으로 이뤄진 전자 껍질(electron shells)을 점점 더 많은 전자로 채워 꽉 찬 전자 배열을 완성하고자 한다.

전자 하나만 더 얻으면 모든 결핍과 절망의 상태를 벗어날 수 있다. 현재 내가 처한 상황이 이렇다면 어떤가. 누구라도 완벽한 상태에 이르고 싶지 않겠는가. 그게 바로 할로겐 원소들이 처한 상태다. 이 원소들은 언제나 현재 상황을 벗어나고 싶어 한다. 이들은 할 수만 있다면 다른 분자를 꼭 붙잡고 놓치지 않으려 한다. 가장 좋은 전자는 분자 궤도를 돌고 있는 느슨한 상태의 분자이다.

염화탄소 혼합물(chlorine-carbon chemistry)로 극심한 고통과 후

유증에 시달린 인류가 눈을 돌린 대상은 염소의 형님 격인 브로민이었다. 브로민화 에틸렌(ethylene bromine)은 오랫동안 유연 휘발유(leaded gasoline)의 연료 첨가제로 사용했는데, 휘발유에서 중독성 납 성분이 제거되면서 사용할 이유가 점차 사라지고 있었다. 브로민의 수요는 이미 4분의 3 정도 쇠퇴한 상황이었고, 업계는 새로운 수요처를 찾기 바빴다.

화학물의 독성을 기준으로 본다면 염소 대신 브로민을 택한 일은 명백한 잘못이다. 염소가 그랬듯이 브로민이 유기탄소와 결합한 형태는 자연에서 보기 드문 구조인데다, 인체 또한 폴리브로민 화합물(polybrominated compounds)이나 한 개 이상의 브로민 원자를 가지고 있는 탄소 골격을 스스로 만들어 내지 못하기 때문이다. 그렇기에 유기염소(organochlorines)나 유기브로민(organobromines)이 어설프게 결합한 화합물이 몸 안에 쌓이면 인체는 큰 해를 입을 수 있다. 가령 배아(embryo) 상태의 세포가 신생아로 자라나는 동안, 심각한 문제가 일어나기도 한다. 세포가 번식해 생식기나 성기가 발달하고 적정 체중이 되는 과정, 신진대사(metabolism)를 유지하는 기능을 방해하는 것이다. 성인도 마찬가지다. 인체가 유기염소와 유기브로민이 결합한 화합물에 지속적으로 노출되면 생존에 필요한 신진대사 기능이 떨어지면서 세포 간 소통(cellular communication)이나 세포 분열(cell division), 세포 분화(cell differentiation) 과정이 잘못될 수 있다. 심하면 기능이 완전히 멈추기도 한다.

이는 주기율표 구성만으로도 충분히 예측할 수 있는 결과다. 그러나 인류는 난연제라는 수렁에 인간과 동식물 모두를 밀어 넣고, 어떤 일이 일어날지 꼭 확인하고 말겠다는 태도로 버티고 있다. 이 화합물은 호르몬과 너무나 유사한 형태로 우리 몸에 들어와 이미 혼란을 일으켰다. 이 이물질을 인체 메신저(bodily messengers)로 오해한 우리의 몸은 이제 의도치 않게 움직이기 시작했다. 생리 주기나 건강 상태 같은 바이오리듬을 새롭게 구성할 때, 그 역할을 난연제에 부여한 것이다. 이런 과정이 현 인류와 미래 세대에게 타격을 줄 수 있다는 사실은 일반 대중과 정책을 결정하는 이들 사이에 널리 알려졌다. 하지만 사람들은 충분히 예측할 수 있었던 이 깊은 수렁에 또다시 빠져서 허우적대고 있다.

1940년대부터 수십 년간 유기염소 화합물을 비판하며 싸워 온 인류는 1970년대부터 난연제로 유기브로민을 대량 생산하기 시작했다. 탄화수소(hydrocarbon)에서 하나 이상의 수소 원자를 떼어 낸 유기브로민 구조는 브로민과 유사하면서도 다르다. 화합물 구조가 더 불안정하다.

처음에 유기브로민 화합물은 신이 내려준 선물처럼 여겨졌다. 당시 많은 이들이 아침에 눈 뜨고부터 밤에 지친 몸을 누일 때까지 찾는 기호 식품이 하나 있었다. 바로 담배다. 사람들은 기분 전환을 이유로 200종 이상의 독성 물질이 뒤섞인 담배 연기를 매일같이 흡입하곤 했는데, 유기브로민 화합물은 이 문화 현상을 극복하게 도와 줄 구원자처럼 보였다. 담배 피우는 행위를 '인간의 몸에 악영향을 미치고 심하면 죽음을 가져오기도 하는 무시무시한 악습' 정도로 치부해서는 안 된다. 이런 중독 행위는 여차하면 담배뿐 아니라 주위를 둘러싼 환경과 주거 공간, 그곳에서 살아가는 사람들을 모조리 태워 버릴 수도 있기 때문이다. 흡연 습관 하나로 사람들은 언제든 타 버릴 위험에 자기 자신을 노출시켰고, 대기가 지구의 열을 붙잡아 두는 온실가스로 가득 차 오염됐듯 집 안 공기를 독성 미기후(microclimate*) 상태로 만들었다.

니코틴에 찌든 손가락으로 툭 튕겨 자동차 밖 도로로 던져 버린,

• 주변 환경과 다른 국소 지역의 특별한 기후 혹은 지표면과 1.5미터 정도 높이 지상 사이에서 일어나는 대기 현상

아직 꺼지지 않은 담배꽁초가 우리 삶을 위협했다. 사람들은 부주의한 행동으로 화재가 일어나 생계가 무너지지는 않을지 염려하기 시작했다. 유기브로민 화합물은 그 위기감을 틈타고 사람들의 삶과 공간으로 바짝 다가왔다. 우리 또한 그 상황을 기꺼이 받아들였다. 브로민과 유기브로민 화합물은 연소 연쇄 반응(combustion chain reaction)에 필요한 유리기(radicals)를 흡수하는 특징이 있다. 그러면 계속 타들어 가는 현상이 멈추면서 화재가 진압된다.

체감상의 이유였든 인식 때문이든, 사람들은 난연제의 필요성을 느꼈고, 그렇게 유기브로민은 다양한 소비재를 만들 때 이용되기 시작했다. 전기 관련 화재나 비행기 충돌로 일어날 수 있는 화재를 막기 위해 항공기 소재가 됐을 뿐 아니라, 불이 좀처럼 붙지 않는 제품에까지 다방면으로 활용됐다. 흡연자 비율이 높아지면서 가구와 침구류, 잠옷류에도 난연제를 사용해야 한다는 공감대가 생겨났다. 유기브로민 화합물은 전 세계를 통틀어 소비재에 가장 많이 들어가는 화학 물질 중 하나로 등극했다.

지금도 우리는 범람하는 유기브로민 화합물 속에서 살아가고 있다. 조금만 주위를 둘러보면 삶의 면면에 이 화학 물질이 숨어 있다는 사실을 깨달을 수 있다. 카펫 밑에서, 의자 쿠션에서, 발포

매트리스에서 이 물질이 조금씩 흘러나온다. 이 독성 호르몬을 신생아가 하루 열일곱 시간 이상 들이마시는 구조다.

대량 생산이 가속화되면서 이와 같은 소비재 생산량은 연 1억 톤 이상이 됐는데, 그 때문에 사람들의 건강 문제도 여기저기서 일어나기 시작했다. 유기브로민 화합물이 가져온 다양한 건강 이상 증세 중 하나로 호르몬 균형이 깨지면서 일어난 내분비계 교란 현상(endocrine disruption)을 꼽을 수 있다. 인류는 유기염소가 삶에 미치는 해악을 이미 겪고서도 유기브로민 화합물 생산을 멈추지 않고 있다. 유기염소 화합물이 문제가 됐을 때처럼 이번에도 거의 구조가 비슷한 유사 물질을 찾아 대체하면서 상황을 무마하고 있을 뿐이다.

이와 유사한 사례를 하나 소개한다. 1977년, 과학자 알린 블룸 Arlene Blum은 유기브로민 화합물이 막 만들어지기 시작한 초반에 화합물의 한 종류인 트리스Tris, 즉 트리스(2,3-디브로모프로필) 인산염{tris(2,3-dibromopropyl) phosphate}이 건강에 유해하다는 사실을 발견했다. 그러자 캘리포니아주는 1970년대 말, 어린이 잠옷류에서 해당 화학 물질을 모두 제거하도록 조치했다.

알렌 블룸은 이후 히말라야 중앙부인 해발 8,091미터 높이의 안

나푸르나Annapurna 등반대를 성공적으로 이끌며 산악인으로 활동했다. 그런데 그가 1990년대에 다시 버클리대학교로 돌아왔을 때 어린이 잠옷에서 제거한 화학 물질이 캘리포니아 각 가정의 소파와 각종 어린이용 제품으로 옮겨 간 것을 발견했다. 브로민이 들어간 난연제 시장은 현재 전 세계로 규모를 넓혀 성장하고 있으며, 연 소득이 70억 달러에 이른다.

특별히 캘리포니아주는 화재와 관련이 깊다. 시에라네바다산맥이 해변을 따라 장대하게 뻗어 나가며 아름다운 숲을 이루고 있기에 그만큼 화재에 취약한 것이다. 게다가 비가 좀처럼 내리지 않는 지중해성 기후여서 건기에 화재가 발생하면 걷잡을 수 없는 속도로 불이 퍼져 나간다. 이 때문에 캘리포니아 주정부는 지역에서 만드는 소비재에 난연 성분을 반드시 첨가하도록 법으로 규제하고 있다. 이런 법이 제정되는 데는 브로민 관련 업계의 로비가 큰 힘을 발휘했다. 브로민을 함유한 난연제는 계속해서 생산량이 증가했다.

2000년대에는 캘리포니아주가 브로민 난연제에 얼마나 노출됐는지를 측정하기 위한 조사가 이뤄졌다. 이 지역 소재 주거 공간에서 발생한 먼지와 주민 혈액 성분을 분석하자 화재 빈도가 낮은 지역의 주민보다 두 배 이상 많은 난연제 성분이 검출됐다고 한다. 먼지에 포함된 난연제 성분 분포도는 유럽 주거 공간과 비교했을 때 200배 이상 높았다.

이 할로겐 화확물이 가져온 죽음의 상자에서 더 나올 게 있을까. 더는 나빠질 게 없다고 생각할 수도 있지만, 이는 순진한 착각이다. 잔류성 유기염소 및 유기브로민 화합물로 사망하는 사람들이 점차 줄어들자 인류는 또 다른 여정을 계획하기 시작했다. 마지막 단계는 유기할로겐(organohalogen)이다.

오늘날 인류는 유기불소(organofluorines)에 심취해 있다. 소비자들은 테플론이라는 상품명으로 대표되는, 이 시대의 화학 기적을 누리는 중이다. 테플론 자체는 그다지 문제가 되지 않지만, 테플론 불화탄소(fluorocarbon)를 이용한 화학 산업은 인류 생활과 따로 떼어 보기가 어렵다. 탄소-불소 결합(fluorin-carbon bond)은 유기화학 역사상 그 어떤 결합보다 강력하기로 유명하기 때문이다. 견고하게 붙은 탄소 원자와 불소 원자의 결합을 깨뜨릴 미생물은 지구 어디에도 없다. 이는 곧 이 화학적 결합으로 절대 분리되지 않는 폐기물(indestructible waste) 즉, 영구 오염 물질(eternal pollution)이 생겼다는 뜻이다.

오늘날 유기불소 화합물은 신발과 셔츠, 각종 음식물을 통해 우리 몸속에 차곡차곡 쌓이고 있다. 사람들은 물과 기름을 모두 닦아낼 수 있는 이 물질로 주거 공간을 깨끗이 유지하고 싶어 한다. 겉으로 봤을 때는 집이 어느 때보다 청결해 보일 수 있다. 하지만 이 놀라운 보호막으로 주거 공간을 모조리 코팅했을 때 인체가 영원히 오염될 수 있음을 기억하자. 피자 박스, 패스트 푸드 포장지, 구김이 가지 않는 셔츠, 멤브레인membrane 소재 신발, 각종 실내 및 실외용 기능성 의류… 이런 소비재는 다불화 처리(polyfluorinated) 과정을 거쳐 우리에게 온다. 그리고 우리 몸을 영원히 오염시킨다.

후손에게 독성
화학 물질을 물려주다

어릴 적 브라운슈바이크에서 자라는 동안, 내게 담배와 맥주는 자연스럽게 접하는 환경 요소(environmental factors) 같은 것들이었다. 나는 여전히 사오십 대 정도의 내 아버지가 담배에 막 불을 붙일 때 나던 특유의 냄새를 기억한다. 당시에는 거의 모든 어른이 담배를 피웠다. 맥주는 없어서는 안 될 필수 식량이었다. 심지어 그 지역의 고용 문제를 해결해 주던 자동차 공장 구내식당은 언제라도, 누구든지 맘껏 마실 수 있도록 맥주를 무상 제공했다.

하지만 폭스바겐 조립 공장의 일자리나 담배, 맥주와 같은 것들은 당시 내게 머나먼 얘기였다. 학교를 졸업하기 전까지 내가 했던 일은 할아버지가 계신 산림 감시 초소 주변에서 도토리를 모으거나 마을에 있는 드넓은 과수원에서 체리를 따는 것 등이었다. 그렇게 자라서 열다섯 살이 된 이후, 그제야 나는 여름마다 건설 노동이나 외벽 페인트칠 아르바이트를 시작했다.

폭스바겐 픽업트럭 트렁크에 앉아 자동차 전용 고속도로인 아우토반autovahn을 타고 공사 현장으로 가다 보면 작업자들이 맥주를 마시거나 담배 태우는 모습을 종종 볼 수 있었다. 그들은 아침 9시 휴식 시간이 되면 각자 2리터 정도 되는 맥주를 아주 간단히 마셔버렸다.

우리는 보통 중심지에서 조금 떨어진 외곽으로 이동해 저소득층이 거주하는 고층 아파트로 갔다. 그곳에 도착하면 먼저 트럭에서 철제를 내려 비계(임시 가설물—편집자) 설치하면서 일과를 시작했다. 무거운 철강 갑옷을 건물 둘레에 쭉 두른 다음에는 비계 사이사이에 무거운 나무판자를 얹어 깔았다. 그리고 낡아빠진 외벽칠을 벗기면 그 위에 페인트를 바르는 식이었다. 그런데 이 나무판자가 때로는 무서운 무기가 되기도 한다. 술 담배에 찌든 인부가 무의식중에 그 위에서 미끄러져 떨어질 수도 있기 때문이다.

나는 칠을 벗겨내는 스크러빙scrubbing 작업보다 표면을 말끔히 긁어내는 샌드 블래스팅sand blasting 과정을 선호했다. 무게가 45킬로그램이나 되는 모래주머니를 깔때기 모양 용기에 집어넣으면 방호복을 입은 트럭 운전사가 양압식 공기호흡 장치(self-contained breathing apparatus, SCBA)로 모래를 벽면에 뿌려 준다. 그러면 벽에 붙어 있던 이물질이 말끔히 씻겨 나간다. 그 모습은 흡사 인류와 그들이 이룬 볼품 없는 문명을 싹 밀어내려고 지구에 온 외계 생명체 같다.

왜 그랬는지는 모르겠다. 샌드 블래스팅 과정이 더 후련했다. 단, 바람이 내가 서 있는 반대쪽으로 불 때만 그랬다. 나에게는 보호 장비는커녕 마스크도 없었기 때문이다. 그때만 해도 지금처럼 안전에 대한 개념이 그리 강하지 않았다. 취약 계층이 사는 아파트 외벽에 뿌리는 모래바람이 얼마나 위험한지 크게 인식하지 않았던 것이다.

한번은 늘 얼굴이 붉고 머리칼은 까맸던 인부가 술에 취해 5층에서 떨어진 적이 있다. 당시 술과 담배는 늘 붙어 다니는 존재였고, 그날 그 인부는 안전모를 삐딱하게 쓰고 있었다. 그는 안면 근육 장애로 평생 웃지 못하게 됐지만, 기적적으로 살아났다. 그 사람이 좋아했던 담배 브랜드는 로드 엑스트라Lord Extra였다.

휴식 시간에 나는 심부름도 많이 다녔다. 같이 일하는 어른들이 시켜서 맥주랑 담배를 사 오곤 했는데, 그 누구도 내게 신분증을 요구하지 않았다. 아무런 질문도 없이 달라면 다 내주었다.

폭스바겐 픽업트럭을 타고 돌아오는 길은 한없이 길게 느껴졌다. 시간이 당밀시럽처럼 점도 있게 늘어지는 것 같았다. 달리는 픽업트럭 안에서 맞바람이라도 맞으면 더 그랬다. 그렇지 않아도 출력이 약한 차량인데, 사람들까지 많이 태워서 아우토반 위를 기어가는 것처럼 느껴질 때가 많았다.

다른 나라에야 아우토반을 '자유 시민을 위한 자유 통행로{Freie Fahrt für freie Bürger(free passage for free citizens)}'라며 홍보하지만, 사실 우리같이 따분한 사람들에게는 그저 집으로 돌아가는 평범한 길에 불과했다. 집에 들어가도 어차피 술 담배를 즐기며 텔레비전에 나오는 다른 사람들은 어떻게 사는지 보는 게 전부였지만 말이다. 물론 우리와 종자부터 다른 부자들에게는 달리기 좋은 축복의 도로였을 것이다.

아침에 공사 현장에 출근하면 제일 먼저 우리가 사용할 연장과 장비가 밤새 무사한지를 확인했다. 연장은 줄로 연결해서 높은 곳에 있는 비계에 매달아 두었고 건축 자재는 무거운 물건과 함께 쇠사슬로 묶어 놓았다. 기타 공사 자재는 트레일러에 집어넣고 문을 잠갔는데, 밤사이 트레일러에는 새로운 낙서가 추가되곤 했다.

가난과 알코올중독, 절망감 같은 것들이 우리 삶을 지배하고 있었지만, 로드 엑스트라 담배는 어디서든 볼 수 있는 흔한 물건이었다. 그런데 이 담배의 광고는 역설적으로 매우 화려했다. 주인공은 빳빳하게 다린 흰색 양복을 걸친 중년 남성이었다. 우리 노동자들이 페인트가 잔뜩 묻은 작업복을 피곤한 몸에 걸치고 있는 것과는 대조적이었다. 그는 흰색 요트를 타고 자신만만하면서도 교활한 표정으로 수정처럼 맑게 빛나는 물 위를 가로질렀다. 뱃머리에 있는 여인들은 이 세상 사람이 아닌 듯 아름다움을 뽐내고 있다. 일광욕을 즐기면서 주인공 남성에게 매혹적인 눈빛을 보낸다. 나도 이렇게 될 수 있다고 믿으면 마음이 편안해진다. 하지만 그런 환상은 머지않아 끝난다.

유기불소로 야기되기 시작한 오염 문제를 연구할 때 우리는 어딘가에서 비용을 지원받았다. 우연인지 모르겠지만, 그 돈은 거대 담배 회사가 메릴랜드 주정부에 벌금으로 낸 거라고 했다. 그 오염 물질이란 물과 오일을 모두 막아 내는 막 성분으로 구김 없는 셔츠, 오염방지 직물, 부드러운 저자극 치실, 등산화, 재킷, 운동복, 텐트 및 기타 소비자 용품을 만들 때 사용된다. 존스홉킨스대학교에 있을 때 우리 연구팀은 나를 포함해 세 명이었다. 그중 한 명은 산부인과를 전공한 교수이며, 다른 한 명은 어린이 환경 보건 문제를 연구하는 교수이다. 어린이 환경 보건을 연구하는 교수는 미국환경보호청에서 유해 물질 보조 관리자로 일한 경험이 있다. 우리는 인간의 배아가 발암 물질에 노출될 때 어떤 일이 벌어지는지를 더 자세히 알고 싶어서 담배피해보상기금(Cigarette Restitution Fund)에서 연구 명목으로 지원하는 자금을 받은 것이다. 처음에는 사명감에 불타올라 우리가 하는 일이 정확히 무엇인지, 장차 어떤 결과를 초래할지 알지 못했다. 그리고 얼마나 오랫동안 이 연구를 이어가게 될지도 전혀 예상하지 못했다.

　다불화 복합물(polyfluorinated compounds)은 탄소 골격에 적어도 두 개 이상의 불소 원자를 포함하고 있다. 수소와 탄소 결합을 불소와 탄소 결합으로 치환하면 과불화 화합물(perfluorinated compound) 즉, 완전히 불화된 화합물이 생성된다. 가장 잘 알려진 과불화 화합물은 테플론이다. 요즘 사람들은 테플론을 '탄소-수소 결합이 더 강력한 탄소-불소 결합으로 바뀌면서 생겨난, 절대 부서지지 않는 플라스틱 종류' 쯤으로 여긴다.

처음 우리 팀이 연구를 시작했을 때는 테플론이 어린아이에게 어떤 영향을 미치는지를 알아보는 것이 주목적이었다. 그리고 임산부 몸속으로 테플론 성분이 들어가 쌓였을 때 뱃속 태아에게 어떤 영향을 주는지도 살펴보고자 했다.

이런 유해성을 살피는 연구에서 가장 어려운 점은 피실험자를 고의로 유해 물질에 노출시키는 것이 윤리적·도덕적으로 정당화하기 쉽지 않다는 사실이다. 임산부나 자기 의사를 제대로 표현할 수 없는 태아 혹은 영아의 경우 특히 더 그렇다.

그래서 우리는 관찰 연구(observational study) 조사법을 중심으로 실험 과정을 설계했다. 병원에 기록된 유행 질환의 역학 데이터를 중심으로 횡단 조사(cross-sectional, 특정 조사 시점의 사회를 절단해 그 단면에서 볼 수 있는 여러 요인의 상호 관계를 찾아내는 연구법—편집자)를 실시한 것이다. 이는 병원에서 태어난 모든 아이가 오염물질에 어느 정도 노출됐는지를 이해할 필요가 있었기 때문이다. 또한 유기불소에 평균 이상으로 노출되어 비교적 높은 오염도를 보이는 사람들의 건강 상태를 그렇지 않은 사람들(노출 정도가 낮은 사람들)과 비교해 보고 싶었다.

세부 연구 계획서를 작성해 진행 허가가 떨어진 뒤 우리 셋은 몇 개월 동안, 교대하며 24시간 내내 휴대전화 옆에 붙어 있었다. 볼티모어 병원에서 신생아가 태어났다는 연락이 오면 한밤중에라도 달려가야 했기 때문이다. 시간이 몇 개월이나 걸린 이유는 충분한 샘플을 확보하기 위해서였다.

내가 공중 보건 연구에 전념하는 동안 우리 집 아이들은 신경 독성 물질에 노출되고 있었다. 우리 집은 오래된 빅토리아식 건물(영국 빅토리아 여왕 통치 시절 및 산업혁명 전후로 유행한 건축 양식으로, 19세기 후반 미국에 들어왔다. 그레이, 화이트 등의 컬러로 건물 외벽을 페인트칠한 것이 특징―편집자)이었는데, 당시 아내와 나는 에너지 절약을 고려해 기존에 설치된 단일 창을 방사율이 낮은 이중 창으로 교체하기로 한 상태였다. 1899년에 지어진 집인 만큼 납 성분 페인트에 유출될지도 모른다는 우려에 우리는 작업자에게 전기 그라인더를 사용하지 말고, 내가 학생 시절 여름방학 때 아르바이트하며 배운 샌드 블래스팅 방식으로 작업해 주길 의뢰했다.

그러나 작업자는 성가시다고 생각했는지 내 요구를 묵살했고,

어느 날 오후 늦게 집에 돌아와 보니 정원 흙과 현관은 물론이고 집 안 전체가 곱게 갈린 페인트 가루로 뒤덮여 있었다. 우리 부부는 바닥을 쓸고 진공청소기를 돌리고 물걸레질까지 해서 납 성분을 최대한 없애려 했다. 페인트에 함유된 납은 강력한 신경 독성 물질로 미국에서는 1978년부터 사용이 금지됐다. 납 성분을 다 제거했다고 생각했지만, 혈액 검사를 해보니 막내딸의 혈중 납 농도가 어린이 허용 수치보다 세 배 이상 높았다.

그뿐 아니라 우리 집은 강제로 오염도 검사를 받게 됐다. 그리고 남은 독소를 더 없애기 위해 다시 한 번 집 안 세척 작업에 돌입했다. 정원에서 기르던 채소도 더는 먹지 않게 됐다. 1년이 채 되지 않아서 다행히 딸아이의 혈중 납 농도는 내려갔다. 하지만 중금속의 일종인 납은 시간이 흘러도 체내에서 완전히 사라지지는 않는다.

우리 연구팀이 분석한 테플론의 특징도 납과 비슷했다. 소각 처리(incineration) 방식을 사용하지 않는 한, 자연 상태에 방치된 납은 그 어떤 변화도 일어나지 않으며, 사라지지도 않는다. 한편 연구팀의 샘플 수집은 거의 마무리 단계로 향하고 있었다.

4개월 동안 병원에서는 600명 이상의 신생아가 태어났다. 분만 후 15~30분이 지나면 태반 반출(delivery of placenta)이 시작되는

데, 보통 폐기물로 처리하던 이 내용물을 간호사가 따로 한곳에 모아야 했다. 그런 다음 태아 상태의 아기에게 영양을 공급해 주던 태반엽(side of the placenta)에서 제대혈(cord blood)을 추출했다. 이 과정은 주사기로 할 수 있다.

전화를 받고 달려간 우리 연구팀은 병원에 도착해 제대혈 샘플을 받은 뒤 곧장 맞은편 건물에 있는 연구실로 갔다. 각각의 혈액을 병에 나눠 담은 뒤 전혈에서 혈청을 다시 추출해야 했기 때문이다. 피실험자 300여 명의 혈액 샘플 수집이 모두 끝났을 때 연구팀 전원은 안도의 숨을 내쉬었다.

이 혈액 성분을 분석하는 데 또 몇 년이 걸렸고, 지금도 이와 비슷한 작업을 계속하고 있다. 우리는 애틀랜타와 조지아 질병통제관리센터(Center for Disease Control and Prevention, CDC)와 협약해 인력 및 자금을 지원받았다. 이들 기관도 출생한 신생아의 체내 잔류 화학 물질을 파악하는 중이었기 때문이다. 병원 측은 신원 보호를 이유로 피실험자 목록을 식별 코드로 암호화한 뒤 우리에게는 출생 시 몸무게, 키, 머리둘레 등의 기본 정보만 제공했다. 그중 머리둘레는 신생아의 중추 신경계(central nervous system) 즉, 두뇌 크기를 간접적으로 파악할 수 있는 중요한 지표다. 우리는 마스터 파일에 데이터를 저장해 통계적 분석 내용을 편집했다.

이런 형태의 관찰 연구는 피실험자(이 실험에서는 산모와 아이들)가 언제 오염 물질에 노출됐는지, 얼마나 오래, 어느 정도로 노출됐는지를 연구원들이 통제할 수 없기에 분석 자체가 복잡하고 어렵다. 현재 우리가 살아가는 세상은 사방이 여러 화학 물질로 뒤덮인 상태다. 그렇기에 피실험자 중 불소 화합물에만 노출된 사람은 거의 없다고 봐야 한다. 다른 중금속 혹은 유기염소 화합물, 유기 브로민계 화합물 등에 동시에 노출될 수밖에 없는 것이다.

임신 중에 흡연하는 임산부가 있는가 하면 그렇지 않은 임산부도 있다. 건강 문진표를 충실히 작성해 흡연을 알리는 임산부도 있지만, 잊거나 제대로 적지 않는 임산부도 있다. 하지만 연구원은 흡연 같은 특정 습관으로 피실험자 몸속에 쌓인 대사 물질(metabolite)을 분석해 그들의 실제 행동과 습관을 더 정확히 평가할 수 있다. 가령 건강에 유해하다고 알려진 흡연의 경우, 연구팀은 피실험자가 들이마신 니코틴 대신 대사 물질인 코티닌cotinine 수치를 대신 측정한다. 이 값이 담배의 과불화 화합물이 몸에 미치는 영향을 설명할 때 대리 변수(proxy)가 된다.

어쨌든 연구팀이 측정하고자 했던 과불화 혼합물(perfluorinated

compounds) 외에 과불화 옥탄술폰산(perfluorooctane sulfonate, PFOS)과 과불화 옥탄산(perfluorooctanoate, PFOA)에 동시에 노출된 피실험자가 등장하면서 연구 과정은 더 복잡해졌다. 실험자가 통제할 수는 없지만, 실험 결과에 영향을 미칠 수 있는 요소를 교란 변수(confounder)라고 하는데, 이는 수면 위로 드러나지 않는 변수에 해당한다. 우리 연구팀은 연구 과정 중 교란 변수(confounders)가 지나치게 많다는 사실을 발견했다. 그래서 통계학적 방법과 모델을 제시해 이로 인해 발생할 수 있는 불확실성을 설명해야 했다.

2003년 처음 기획해서 2007년 논문 초안이 나왔을 때 〈환경보건전망(Environmental Health Perspectives)〉이라는 저널에서 이 연구 내용을 게재하고 싶다는 연락이 왔다. 연구원들은 모두 기뻐했지만, 한편으로는 걱정도 됐다. '이제껏 추적, 수집한 정보를 발표하면 수십억 달러 규모의 과불화 화합물 업계들 마음이 얼마나 불편할까?' 그도 그럴 것이 연구 보고서는 이들 업체가 생산한 과불화 화합물이 얼마나 바람직하지 않은 장소에서 검출되고 있는지를 드러내고 있다. '테플론 제조 업체들은 또 어떤 반응을 보일 것인가?' 연구팀은 변호사와 각종 단체 대표들을 만나 더 긴밀히 대화했다. 지금껏 모은 정보를 어떻게 하면 더 잘 보호할 수 있을지를 충분히 논의했다.

논문을 발표하기 훨씬 이전인 2003년, 이미 과불화 화합물이 실험용 쥐의 발달 저하 및 생식 장애를 초래한다는 동물 실험 결과가 발표된 바 있다. 과불화 옥탄술폰산은 대부분의 화학 업체가 제품에 물과 오일 흡수를 막는 기능을 추가할 때 전구체로 사용하던 화합물이다. 이때 어미 쥐는 임신 기간 단축 현상을 보이기도 했으며, 새끼 쥐는 출생 시 몸무게 감소, 발달 지연, 사망률 증가 등의 문제가 발견됐다. 2004년에도 이와 유사한 연구 결과가 발표됐다. 과불화 옥탄산에 노출된 설치류 동물(들쥐, 다람쥐, 두더지 등 포유강의 한 목을 이루는 동물군—편집자)들이 유산, 새끼의 체중 감소, 생존율 감소, 성장 및 발달 저하 등 발달 독성(developmental toxicity*)을 보인 것이다. 만약 사람들에게 이런 결과가 나왔다면 문제를 일으키는 화학 제품은 생산을 멈추거나 규제하는 안이 생겨야 한다. 대신 수익성이 좋아서 고공 성장하고 있는 합성 화합 물질 시장은 도태될 수도 있다.

* 발달 중인 생명체가 독성 성분으로 인해 비정상적으로 성장하는 작용 혹은 그와 비슷한 유해 작용

우리 팀의 연구 결과, 뱃속 태아는 과불화 옥탄술폰산과 과불화 옥탄산 물질 모두에 노출된 것으로 밝혀졌다. 이는 산모 체내에 쌓인 오염 물질이 발육 중인 태아에게로 전이됐기 때문이다. 교란 변수가 가져올 오차 가능성을 배제하더라도 과불화 혼합물의 축적량이 많으면 그만큼 신생아의 체중, 체질량 지수(ponderal index), 머리둘레가 줄어든다. 다시 말하면 신생아의 몸속에 화학 물질이 많이 쌓일수록 건강 관련 각종 지수는 나빠질 수 있다. 이들 화학 물질이 신생아의 두뇌 크기 감소에 관여하면 두개골 크기가 너무 작아서 중추 신경계가 차지할 공간이 줄어드는 문제가 생기기도 한다.

논문 출판일이 다가오면서 우리 연구팀은 어떤 일이 닥쳐도 흔들리지 말자며 서로 마음을 다독였다. 그렇게 2007년 논문이 출간됐다. 초기 정보를 공개한 시점부터 다른 연구팀이 우리 실험을 재현해 결과를 얻기까지의 방대한 시간을 견딜 준비도 하고 있었다. 그런데 수십억 달러 규모의 불소 화학 물질 시장은 생각보다 빨리 사라져 버렸다. 당시 우리 연구팀은 몰랐지만, 유럽의 다른 연구팀도 과불화 화합물이 태아에 미치는 영향을 조사했다고 한다. 그 팀도 우리와 비슷한 방식을 활용했는데, 그 결괏값이 우리

팀 연구 결과가 맞다는 사실을 입증한 것이다.

운이 좋게도 비슷한 시기, 같은 연구 결과가 발표된 덕에 양쪽 연구팀은 학계의 의심을 피할 수 있었다. 그로부터 12년이 흐른 지금, 과불화 화합물이 태아에게 미치는 악영향은 이제 거의 모든 사람에게 알려졌고 그 내용을 다들 인정하는 분위기다. 단지 이 지식을 요즘 사람들이 사용하는 차세대 화학 물질에 적용하지 않을 뿐이다.

미국에서는 2000년대를 기점으로 과불화 옥탄술폰산과 과불화 옥탄산이 들어간 제품의 생산을 서서히 줄이다가 이제는 완전히 중단했다. 2016년 미국환경보호청이 마실 물에 포함돼도 좋을 과불화 옥탄술폰산 및 과불화 옥탄산 평생 건강 권고치(Lifetime Health Advisory, LHA)를 발표했기 때문이다. 물 1리터당 허용된 수치는 70나노그램이다. 물 1리터당 1나노그램 단위를 환산하면 1피피티(parts per trillion, ppt) 즉, 1조 분의 1 농도로 매우 낮은 수준의 오염도이다. 쉽게 설명하면 올림픽 규격 수영장(국제 규격 기준은 50미터 길이 레인 10개 이상을 갖춰야 한다―편집자)에 소금 알갱이 한 알 정도의 과불화 화합물을 푼 농도이다.

1940년대부터 지구에 쌓이기 시작한 과불화 옥탄술폰산, 과불화 옥탄산은 아주 오랫동안 환경에 잔류할 것으로 보인다. 미생물은 이 성분들을 효과적으로 분해할 수 없다. 인체도 마찬가지다. 이 성분을 없애지 못할 것이다. 이 화학 물질이 환경에서 계속 순환되는 한, 사람들이 이 물질에 노출되는 현상을 피할 방법은 없다. 학자들은 이 물질이 소멸하기까지 수백 년이나 수천 년, 길게는 수만 년이 들 수도 있다며 다양한 견해를 내놓았다. 하지만 유기불소 화합물을 향한 인류의 사랑이 끝나려면 아직도 멀었다. 과불화 옥탄술폰산을 함유한 제품은 미국 내에서는 생산이 많이 줄었지만, 중국과 인도, 러시아에서는 여전히 생산되고 있다. 심지어 전 세계 생산량은 오히려 증가하기까지 했다. 그러는 사이, 미국의 화학 업계와 규제 기관은 예상대로 사용해서는 안 될 다른 대체물로 갈아타는 정책을 취하고 있다.

과불화 옥탄술폰산과 과불화 옥탄산은 불소와 결합한 여덟 개의 탄소 원자를 가지고 있다. 화학 업계는 독극물을 연구하는 학자들이나 유해 물질의 안전을 관리·감독하는 기관에 "탄소 원자를 여섯 개나 네 개로 줄이면 안전하다"고 말하는 회유 정책을 펴고 있다. 하지만 화학 물질 부피가 조금 줄어든다고 해서 과연 아이들의 안전이 보장될 수 있을까.

게다가 이런 제안과 행동을 취할 때 꼭 보여야 할 의지가 드러나지 않는다. 과불화 화합물 제품의 환경 잔류 문제를 어떻게 해결할 것인지, 그 방법론이 빠져 있다. 지금까지 같은 태도로 일관했기 때문에, 유해 물질을 포함하고 있는 제품 수만 폭발적으로 늘어났다.

사라지지 않을 화학 무기와 같은 이 물질을 과불화 알킬 물질(perfluorinated or polyfluorinated alkyl substances, PFAS)이라 부른다. 매일 새로운 오염 물질(emerging pollutants)이 쏟아지면서 약 3,000종 이상의 과불화 화합물이 만들어지고 있는 가운데, 사람들이 헤어나지 못하는 화학 약품의 늪은 더 깊어지고 있다. 인간은 난자와 정자가 수정(conception)된 순간부터 양막낭(amniotic sac) 안을 헤엄치다 아기의 모습으로 지구로 나올 때까지 이 늪에서 벗어날 길이 없다.

이미 이 물질에 오랜 시간 노출된 어른들에게 과불화 화합물을 함유하는 제품이 어디에서 생산되는지는 중요하지 않다. 원산지가 어디든, 이 화학 물질은 돌고 돌아 심지어 지구상 가장 오지로 여겨지는 극지방이나 심해 생물에게서도 발견된다. 연구팀은 이를 입증할 데이터를 가지고 있다. 인류는 지구 어디에 가도 이 물질을 피할 수 없게 되었으며, 후손에까지 고스란히 물려주게 되었다. 이제 어떻게 해야 할까.

태반에서 추출한 태아의 혈액 샘플로 우리는 지구 오염의 현주소를 짚어줄 다양한 정보를 얻었는데, 특히 오염에 가장 취약한 존재인 태아와 신생아에게 현재 지구의 상태가 어떤 영향을 미치는지도 배울 수 있었다. 태아의 혈액에는 어떤 화학 물질이 들어있었을까. 비교적 최근에 개발되어 이제는 농장을 운영하면 필연적으로 발생하는 페르메트린permethrin과 내분비계 교란 현상 및 암을 유발하는 절연유의 주성분, 폴리염화 바이페닐이 발견되었다. 또한 신생아가 성장할 때 꼭 필요한 갑상선 호르몬(thyroid hormone)의 분비를 막는 폴리브로민화 디페닐에테르(Polybrominated diphenylethers, PBDE), 어린이의 생식기 및 조기 발달에 영향을 줄 뿐 아니라 일부 연구에서 발암 요인으로 밝혀진 과불화 화합물, 내분비계 교란과 다양한 식품 알레르기, 골다공증, 면역 질환 등을 유발하는 삼염화 항미생물제(trichlorinated antimicrobials) 등도 검출되었다. 이 밖에도 석탄 화력 발전소에서 내뿜는 메틸수은(methylmercury), 페인트와 유연 휘발유에서 나오는 납, 클로르데인과 디디티 등 이전부터 사용을 금한 제초제 성분까지 포함하고 있었다. 우리 연구팀은 태어날 때부터 인체 몸에 쌓여 있는 이런 독성 화합물 리스트를 스무 권이 넘는 논문에 실어 출간했다. 이 화학 물질들은 양막낭에 자리한 태아가 바이오스피어biosphere[**]로 나아갈 긴 여정을 준비하는 시간 동안, 인체 곳곳으로 배어든다.

제대혈을 수집하는 과정에 도움을 준 학생들은 이후 존스홉킨스대학교와 컬럼비아대학교 연구원으로 성장했다. 그러나 그때 채취한 샘플은 여전히 유럽국가위기평가재단(European National Risk Assessment Institute)에 있는 섭씨 마이너스 80도, 화씨 마이너스 110도의 냉동고 안에 들어 있다. 독성학(toxicology)과 분석과학 기법(analytical sciences)이 발달하면서 우리는 과거와 다르게 체내에 쌓인 화학 물질이 어떤 성분으로 이뤄졌는지, 이 물질이 인간의 신체 활동과 감정, 행동에 어떤 영향을 미치는지를 더 잘 알게 되었다. 미래 그 언젠가는 냉동고에 보관 중인 제대혈 샘플을 꺼내, 이미 노출되었지만 성분을 알 수 없었던 합성 화학 물질이 무엇인지, 그 농도가 어느 정도인지를 분석할 수 있을 것이다. 물론 인류가 과거 실수에서 교훈을 얻어 안전하고 지속적으로 사용

[**] 생물이 존재할 수 있는 지구 표면과 대기권

할 수 있는 화학품 및 소비품을 택하고 만들었다면 이런 문제가 생기지 않았을지도 모른다. 하지만 그러지 못했기에 지금은 기존 화학 물질에 그대로 노출될 수밖에 없다.

신경을 마비시키는 물질은
어디에서 왔을까

요즘처럼 전 세계가 긴밀히 연결된 시대에 미국 서부 해안 도시
에서 소비되는 수산물 대부분이 사막 한가운데로 모인다는 사실
은 참으로 아이러니하다. 정확히는 피닉스 스카이하버 국제공항
에 모인다. 이곳은 내가 근무하는 애리조나주립대학교 연구실에
서 엎드리면 코가 닿을 정도로 가까이에 위치한다. 2012년 무더
운 여름날, 오랫동안 식품 검수관으로 일해온 사람이 나를 만나러
왔다. 그리고 믿기 어려운 이야기를 꺼내며 내 연구에 도움이 되고
싶다고 말했다.

그는 꽤 오랫동안 피닉스를 거치는 냉동 생선을 검수하는 일을 했는데, 어느 날 몸이 너무 아파서 집에 가는 길조차 제대로 떠오르지 않았다고 한다. 그래서 집에 가려고 차에 시동을 걸고서도 이상하게 집과 반대 방향인 태평양 쪽으로 차를 몰았다는 것이다. 태평양은 그가 매일같이 샘플을 채취하는 각종 해산물이 잡히는 곳이다. 10번 주간 고속도로를 타고 애리조나 버크아이시를 거의 다 지나, 캘리포니아 경계에 다다라서야 그는 가까스로 정신을 추슬렀다. 그리고 다시 피닉스 방향으로 차를 돌려 귀가했다.

그는 언젠가 읽은 '애리조나주립대학교에서 환경 오염을 연구한다'는 내용이 떠올랐고, 그렇게 우리 연구실을 방문했다. 미국 서부 지역에서 판매하는 어패류의 잔류 항생 물질을 파악하는 데 도움을 줄 수 있다고 했다. 실험실을 쭉 둘러본 뒤 그는 나와 내 학생들에게 자신의 이야기를 들려줬다.

식품 검수관은 배송 중인 해산물에서 시료를 채취한 뒤 정부 공인 검사소에서 생물학적 혹은 화학적 오염이 발생했는지, 그 여부를 검사할 수 있도록 준비하는 일을 한다. '멀쩡한 생선을 왜 뜯고 나머지를 모조리 버려야 하지?' 이렇게 생각한 그는 이미 연 생선 상자를 그대로 집으로 가져와 그 안에 든 생선을 먹었다고 한다.

웃으며 말하던 그의 표정에 후회하는 기운이 스쳤다. 그렇게 그는 매일 과분한 양의 생선을 먹었다. 그중 황새치와 날개다랑어 바비큐가 가장 맛있었다고도 했다.

10번 주간 고속도로에서 헤맨 일을 겪은 뒤 그는 의사를 만나 원인을 물었다. 혈액 샘플과 직업, 식습관 등 일련의 질문을 기록한 뒤에야 이 사건의 퍼즐이 맞춰졌다. 의사는 설명했다. 황새치와 날개다랑어는 해양 생태계 먹이사슬의 꼭대기를 차지하는 포식자로 전 세계 바다 곳곳을 누비고 다닌다고. 그렇게 광범위한 영역에서 왕성하게 먹이 활동을 벌인 생선들은 보통 10~20년 정도 살다가 거대한 참치 어선에 포획된다. 뼈를 발라내고 살코기만 포장된 생선은 그제야 사람들 식탁 위에 오른다.

식품 검수관이 겪은 일로 우리는 먹이사슬 정점에 있는 포식자가 얼마나 위험한지를 미뤄 짐작할 수 있었다. 순환의 시작은 먹이사슬 맨 밑바닥부터다. 공기 중에 있던 오염 물질이 비와 뒤섞여 땅에 떨어지면 또 다른 독성 물질과 결합해 바다로 흘러간다. 깊고 푸른 바닷물 속을 떠다니면 셀 수 없이 많은 해양 생물이 진공청소기처럼 이 물질을 빨아들여 체내 지방에 저장한다. 큰 물고기가 작은 물고기를 잡아먹을 때 지용성(fat-soluble) 성분을 같이 흡수하

므로 독성 물질은 그대로 큰 물고기로 이동한다. 먹이사슬 상위 단계로 올라갈수록 축적된 독성 물질의 양이 증가하는 이유다. 이 과정을 전문 용어로 생물 확대(biomagnification)라고 한다. 탄소 분자에 할로겐이나 중금속이 결합한 이 오염 물질이 먹이사슬 최상위 포식자인 인간에게 닿을 때쯤이면 동식물의 지방 조직(fat tissue)의 오염도는 일반 바닷물보다 수백만 배 더 높은 수준이 된다.

식품 검수관은 이렇게 생물 확대된 다양한 해양 생물을 먹고 몸 안에 독성 물질을 축적했다. 해양 생태계 오염에 관한 자료를 뒤진 결과, 우리는 식품 검수관이 어떤 물질에 중독되었는지를 알 수 있었다. 이는 월남전에 사용된 발암성 제초제인 에이전트 오렌지, 1970년 이후 사용이 금지된 내분비 교란 물질(endocrine disruptors)인 폴리염화 바이페닐, 다른 독성 물질과 쉽게 결합하는 폴리브로민화 난연제 등이었다. 그를 진찰한 의사는 아마도 메틸수은의 일종인 어떤 성분이 건망증, 감각 마비를 일으켰을 것이라고 말했다.

정리하자면 석탄을 연소할 때 나오는 메틸수은은 공기를 타고 지구 곳곳으로 흩어진 뒤 빗물과 함께 토양과 물 위로 떨어진다. 이때 미생물을 만나 결합하면 신경독성 유기 금속 화합물(neurotoxic organometallic compound)로 변화한다. 전 세계를 떠도는 이 독성 물질은 생체 조직(living tissue)에 흡수되어 먹이사슬을 타고 올라가 최상단의 포식자 특히, 황새치의 몸에 매우 높은 함량으로 쌓이는데, 이 생선을 먹은 많은 이들 중 하나가 바로 식품 검수관이었던 셈이다. 수은 중독으로 진단받은 검수관은 꽤 오랜 시간 중금속 제거 요법(chelation therapy)으로 치료해 지금은 어느 정도 정상 수치를 회복했다. 이 요법은 체내에 쌓인 독성 유기 금속(toxic organometal)과 결합하는 다촉수 화학 물질(multi-tentacled chemical)을 정맥 내로 투여(intravenous administration)해 소변으로 수은이 나오게 하는 방식이다.

검수관이 떠나고 우리 연구팀은 그가 겪은 모순적인 사건을 곱씹으며 충격에 휩싸였다. 우리가 저렴하다고 생각하는 효율적인 에너지원인 석탄은 태우면 해로운 물질을 잔뜩 내뿜는다. 그 독성 오염 물질이 결국 우리가 먹을 식량을 더럽히고 인간의 몸에 해를 가하고 있는 것이 아닌가.

고기를 먹을 때
우리가 치러야 할 대가

우리 집에서 자라는 동안, 나는 한 번도 먹고 싶은 만큼 충분히 고기를 먹어본 적이 없는 것 같다. 그런데 할아버지네 집은 달랐다. 할아버지와 삼촌은 둘 다 산림 감시원(forest ranger)으로 일했는데, 초소가 있는 뤼네부르크 하이데Lüneburg Heide 지역 북쪽은 관목림이 가득한 드넓은 들판이었다. 독일 중에서도 쓸쓸한 느낌이 감도는 이곳은 가을이면 향나무와 소나무 사이로 연보랏빛 헤더heather 꽃이 피어나면서 장관을 이룬다.

할아버지네에 가면 사슴, 꿩 등 각종 고기를 마음껏 먹을 수 있었다. 특히 더 풍족했던 건 멧돼지 고기였다. 할머니의 요리 솜씨는 매우 뛰어났다. 낮은 온도에서 천천히 요리하는 독일식 비프스튜인 굴라시Gulasch 조리법은 우리 어머니에게로 전수되었고, 여전히 내가 제일 좋아하는 메뉴 중 하나이다. 나는 이 음식을 맛보며 소금, 후추 외에도 다양한 양념이 있다는 것을 배웠다. 어머니는 소고기로 주로 만들어 주시지만, 할머니는 사슴과 멧돼지로도 훌륭한 굴라시를 만들곤 했다. 난 뭐든 맛있어서 무슨 고기를 쓰든 크게 상관하지 않았다.

산림 감시원의 집에서 고기가 없는 식사를 준비하는 건 어부에게 직접 잡은 생선을 먹지 말라는 것과 다름없다. 아니면 식품 검수관에게 샘플을 채취하고 남은 생선을 상자째 버리라는 지시와도 같다. 생물학자 관점으로 본 인체는 무엇이든 먹을 수 있는 구조로 이루어졌다. 사람의 턱, 치아, 내장의 길이 등은 인류가 잡식성 동물로 사냥과 채집을 하지 않고 살아갈 수 없음을 보여준다. 그렇다, 우리는 철저한 포식자로 설계됐다. 그런데 이 고기 소비가 큰 문제가 되고 있다. 이는 존스홉킨스대학교에서 근무할 때 내 첫 연구 주제이기 했다.

고등학교 시절, 부모님은 주말이면 식료품을 잔뜩 사두곤 했다.

그 뒤에 반복되던 일을 생각하면 지금도 부끄러워 고개를 들 수 없다. 내 형제들은 오후 늦게까지 침대에서 일어나지 않는 날이 많았다. 어쩌다 전날 친구가 와서 자고 가기라도 하면 우리는 모두 느긋하게 눈을 뜬 뒤 돌아가면서 냉장고를 뒤졌다. 그러고는 닥치는 대로 런천미트나 소시지 따위를 먹어 치웠다. 그렇게 늦은 오후가 되면 다음 주에 먹을 식량이 똑 떨어져 냉장고 속이 텅텅 비었다. 그다지 먹고 싶지 않은 맛 없는 재료를 제외하면 단 몇 시간 만에 모든 음식이 사라지곤 했던 거다. 이런 일은 거의 매주 주말마다 일어났다. 아니, 배고픈 우리 형제들이 집을 떠나 독립할 때까지 계속됐다.

1990년대로 거슬러 올라가도 상황은 마찬가지다. 미국 미니애폴리스에서 환경공학을 전공하던 대학원 시절의 나는 수중에 돈이 별로 없었다. 나와 당시 내 여자친구(지금의 아내)는 1년에 1만 달러도 안 되는 생활비로 겨우겨우 살아가고 있었다. 그마저도 지도 교수님이 연구 보조금, 스타트업 펀드 지원금 명목으로 주신 돈이었다. 장차 결혼을 약속한 내 독일 여자친구(이민자)는 취업을 할 수 없는 상태였기에 우리는 미국 정부에서 정한 최저 생활비에 조금 못 미치는 급여로 근근이 생활을 이어갔다. 주말이면 우리는 낡은 배낭을 멘 채 자전거를 타고 가장 가까운 슈퍼마켓으로 가서 다음 주에 먹을 식량을 구입했다. 영하 30도로 떨어지는 아주 추운 겨울날에는 버스를 타고 폭설과 빙판길을 통과해 누추한 학생 숙소로 돌아왔다.

사는 데 그리 많은 것들이 필요한 건 아니었다. 하지만 식료품을 사러 가서는 이상하게도 주저하는 법이 없었다. 아무래도 우리 수입의 대부분을 식비로 지불하고 있었기 때문인 것 같다. 당시 고기와 유제품을 사 놓는 일은 우리에게 매우 중요했다.

다른 대학원생 친구들처럼 나도 가정을 꾸리기 위해 참 열심히 살았다. 학자라는 직업을 막 택했을 때는 경력이 부족해 자본금이 풍족한 후원 업체를 만나는 게 쉽지 않은데, 나와 내 후배는 2005년에 뜻하지 않은 행운을 얻었다. 퓨 자선기금(Pew Charitable Trust)이 미국인들의 식탁에 올라가는 고기가 인류 건강과 환경에 어떤 영향을 미치는지를 조사하고자 수백만 달러 수준의 연구비를 풀 예정이라는 거였다. 세계 인구가 그리 많지 않던 기원전 8000년에 농업 역사가 시작됐다. 그 사건이 인류 역사를 바꿨다 해도 과언이 아닐 것이다. 이번 연구는 최근 농업에 생긴 변화들이 지구 환경을 어떻게 바꿔 놓았는지를 조사하는 게 목적이었다.

문제는 막대한 연구 지원금에도 불구하고 아무도 이 프로젝트에 지원하지 않았다는 점이다. 특히 정부를 상대로 토지를 무상 매각해 대규모 영농 지원 프로그램을 운영하고 있는 대학들은 이 제안을 단칼에 거절했다. 지원금은 그 자체로 매우 위험한 돈이었기 때문이다. 밀집형 동물 사육(concentrated animal feeding operations, CAFOs)과 공장형 동물 사육(industrial farm animal production, IFAP)이 자연 환경과 미국 국민의 건강에 어떤 영향을 미칠지를 조사하는 일은 교수에게도, 대학에게도 거의 자살행위나 다름없었다. 많은 대학이 미국 농무부와 농축산업계의 지원금에 의존하고 있었기에 연구를 맡으려면 집단 내에서 따돌림당할 각오를 해야 했다. 문제의 소지가 있는 연구를 진행한 대가로 수백만 달러를 받았다가는 농무부와 업계가 대학에 지원하는 수천만 내지는 수억 달러의 지원금이 되려 중단될 수도 있었다.

　그러나 존스홉킨스는 사립대학이었고 농업 관련 대형 연구 프로그램이 많지 않았다. 그 말은 미국 농무부의 지원금에 의존하지 않고 있다는 뜻이었다. 그렇게 우리 대학교는 연구 제안을 받아들였고, 그 과제는 우리 연구팀에서 맡게 됐다. 알면 알수록 미국 농업의 현실은 충격적이었다. 어린 시절, 독일에서 갓 짠 우유를 받으러 우유 통을 들고 이리저리 다닌 기억이 있다. 그런데 이제 그런 가족형 농장은 어디에도 없었다. 대신 철저하게 단기 이익을 추구하는 산업화한 공장식 농장이 자연 환경과 인류의 건강에 엄청난 해를 가하고 있었다. 자손 대대로 정성을 들여 경작한 농장, 그리고 그 땅을 관리할 농부들은 통제력을 잃은 듯했다. 어떤 가치로도 환산되지 않을 자원을 더는 지키지 않기로 포기한 것 같았다.

오늘날 농업은 극도로 산업화(industrialized), 조직화(integrated)했다. 산업화는 농업 생산량 증대와 몇몇 사람의 이익을 위해 그 지역에 거주 중인 사람, 동물의 기본 복지권을 전반적으로 희생하고 있다는 의미다. 또한 조직화는 농촌에 사는 농부 대신 멀리 떨어진 도시 사람들이 미국 전역의 농장에서 수확되는 작물의 품질을, 그리고 농민들 삶의 질을 결정한다는 의미다.

우리 연구팀은 방대한 양의 보고서를 정리해 논문을 제출했고, 당파적 이익을 추구하지 않는 퓨 위원회(Pew Commission)는 이를 합의 성명서(consensus statement) 형태로 의회에 전달했다.

위원회의 조사 결과, 현재 미국에서 식용 동물을 사육하는 방식은 지속 가능하지 않다. 동물들에게 불필요한 고통을 안길 뿐 아니라 공중 보건 사업상 용납하기 어려운 수준의 위험을 초래하고 있다. 이처럼 해악을 끼치는 방식의 식용 동물 사육이 농촌 사회(rural communities)를 와해시키고 있다.

식용 동물이 매년 배출하는 깔짚 폐기물(dry matter waste, 동물 우리 바닥에 까는 짚이나 톱밥, 남은 사료처럼 물기가 없는 폐기물—편집자)은 대략 100만 톤으로 미국 인구 전체가 배출하는 쓰레기보다 열 배나 많은 수준이다. 그러나 생활 폐기물(human waste)과 달리 축산 폐기물(animal waste)은 관리 기준이 그다지 까다롭지 않다. 기본적으로 방류 전에 축산 폐기물 처리 신청만 하면 된다.

그에 비해 축산 폐기물이 뿜어내는 각종 양분과 화학 비료, 병원균 등이 하천, 토양, 대기에 미치는 영향은 심각하다. 이런 식용 동물 중 86퍼센트를 우리에 가둔 채 사육하는데, 가축의 곡물 사료를 재배하고 이들을 먹이느라 담수 자원이 고갈된 지 오래다. 집단 사육은 가축에게 질병이 생기기도 쉬운 환경이라서 사람들은 이를 예방하고 치료하고자 다량의 항생제를 사용하고 있다. 게다가 동물 성장을 촉진하기 위해 또 다른 항생제도 투여한다.

다음은 축산 폐기물이 생활 환경으로 유입되는 단계다. 집단 축사에서 발생한 폐기물은 라군lagoon(넓고 움푹한 땅에 폐수를 끌어들여 오랜 시간 방치해 미생물로 처리하는 정화 기법—편집자)이라 불리는 오수 처리용 인공 연못에 모이는데, 이로 인해 지하수가 오염되거나 홍수·태풍이 발생했을 때 넘쳐흐를 위험도 있다.

동물 내장에 서식하는 미생물이, 투여한 항생제에 내성을 갖게 되면 더 많은, 다양한 종류의 항생제가 필요해진다. 그런데도 약제 내성(drug resistance)이 생긴 유전자와 이를 가진 병원성 미생물은 식용 고기를 오염시키고 농장 근로자, 농장 주변의 공기를 타고 도시로 이동한다. 농장 주변에서 나는 역한 냄새는 온몸을 찌르는 듯한 통증을 유발해 사람들을 우울하게 만들고, 결국 토지 가치까지 떨어뜨린다.

농부들은 이 조직적인 공장식 영농 모델에 굴복해 주권을 잃어버렸다. 농부들은 이제 재료가 뭔지도 모르는 사료가 트럭에 실려 오가는 것을 가만히 지켜보기만 한다. 그리고 그 먹이를 자기 소유도 아닌 동물들에게 성실히 먹인다. 농장에서 자란 모든 동물이 정해진 값에 팔린다는 보장이 있으니 묵인하고 마는 것이다. 물론 이 정해진 값도 매우 낮은 수준이라서 농부는 '소득은 낮고 자존심만 상하는 직업'이 되어 버렸지만 말이다. 농부 소유라고는 잔류 폐기물과 인류 및 환경이 겪는 비극뿐인지도 모르겠다.

담수 부족, 식수 오염 문제와는 별개로 동물 사료를 생산하는 데 드는 엄청난 양의 에너지도 문제가 된다. 소들은 더 이상 광활한 목초지에서 풀을 뜯는 동물이 아니다. 그들이 먹을 사료는 이제 비옥한 토지에서 엄청난 양의 비료와 제초제를 흡수하며 자라난다. 이렇게 사료를 만드는 데 드는 방대한 에너지는 재생되지 않는 화석 연료에서 나온다. 육류 생산의 효율을 알려면 고기 1파운드를 생산하는 데 드는 사료의 양과 비교하면 된다. 전환 비율(conversion ratio)이 제일 좋은 동물은 체온을 높일 때 에너지를 거의 사용하지 않는 변온 동물이다. 결국 1파운드의 식량을 얻을 때 똑같이 1파운드 사료가 필요한 수중 생물이 가장 전환 비율이 좋은 셈이다. 정온 동물 중에서는 닭이 가장 효율적이다. 1파운드 살코기를 얻을 때 1.7파운드의 사료가 필요하니 말이다. 돼지는 그보다 3배의 사료가 들며, 소는 7배의 사료가 필요하다. 즉, 가장 비효율적인 식량이 소고기다.

이뿐 아니라 소고기는 생산하는 동안 다량의 온실가스를 배출한다. 축산업 관계자들의 열띤 홍보로 소고기는 이제 미국인 식생활에 주식으로 자리 잡았다. 미국 전역에서 판매되는 스테이크 요리와 햄버거 같은 패스트 푸드에도 필수로 들어간다. 하지만 목축업은 집단 사육되는 동물들이 내뿜는 방귀와 트림으로 다량의 메탄$_{\text{methane}}$ 가스를 방출한다. 메탄은 지구 온난화 지수(global warming potential, GWP)가 1인 이산화탄소보다 열을 가두는 효과가 30배 이상 큰 온실가스이다. 미국 전역에서 배출하는 온실가스 중 농업이 차지하는 비율은 9퍼센트이다.

식용 동물용 사료는 끝없이 펼쳐진 농지에서 한 종류의 작물만 재배하는 단일 재배 방식(monoculture)으로 생산된다. 윤작(crop rotation)과 간헐적 휴경을 하지 않는 이런 방식의 재배는 생물 다양성을 감소시켜 땅의 회복 탄력성(resilience)을 떨어뜨린다. 그 결과 작물이 병충해를 견디지 못하게 되고, 그러면 또 이전보다 많은 양의 제초제를 사용할 수밖에 없다.

제초제 성분은 생태계의 생물 다양성을 해칠 뿐 아니라 토양, 수질, 대기, 더 나아가 농부와 작물에까지 나쁜 영향을 미친다. 단일 재배 방식과 연속적인 경작으로 토지의 힘이 약해지면 바람과 폭우가 일 때 토양 침식, 토양 유실 같은 재해가 발생하기 쉽다. 이 화학 물질은 사료와 식용 동물을 통해 사람이 먹는 식품에도 침투했다. 그리고 이제는 거의 쓰레기 매립지(landfill)가 되어 버린 우리의 몸, 다음 세대인 아이들의 몸에 독성 물질 형태로 쌓여 큰 부담을 안기고 있다.

선진국에 사는 많은 이들은 여전히 이 고기가 '저렴하다'고 생각하고, 필요 이상으로 많은 육류를 섭취한다. 그렇게 사람들은 심장병과 비만에 시달리게 되었다. 하지만 이렇게 산업화된 동물 사육 모델로 우리가 얼마나 많은 대가를 치러야 하는지는 명확히 파악할 수 없는 상황이다. 표토층처럼 대체 불가한 천연자원, 기후 변화 및 기상 이변으로 인류를 지켜 줄 보호막인 대기(atmosphere) 등은 가격으로 환산하기가 매우 어렵기 때문이다.

결국 고기는 싸게 샀다고 해서 싼 게 아니다. 평균 수명과 생산성 감소, 토양 및 수질 오염 등으로 경제적 부담을 늘리는 건 두말하면 잔소리고, 비만, 내성 증가가 가져온 전염병 등 다양한 건강 문제를 일으킨다. 이런 순간순간에 치러야 할 비용을 생각하면 저렴한 고기와 맞바꾸고 있는 게 무엇인지 확실히 깨달을 수 있다.

앞서 소개한 재단인 퓨 위원회는 이 문제를 해결하기 위한 적절한 대안을 발표했다. 하지만 이 말에 귀 기울이는 사람은 아무도 없었다. 위원회가 조사 결과를 발표하고 5년이 지난 뒤 존스홉킨스대학교에 재직 중인 위원회장이 그동안의 움직임을 다시 보고

했는데, 그 내용을 살펴보자.

"끔찍한 일이지만, 아무런 일도 일어나지 않았습니다. 농무부와 식품
의약국, 의회는 실행 의지가 부족했고, 이들 기관의 관심도 그리 크지
않았습니다. 그리고 농축산업계의 지속적인 방해로 환경 문제는 더
악화하기만 했습니다."

인류는 여전히 육류 섭취량을 늘려가며 건강을 위태롭게 만들고
있다. 더불어 지구 상태도 점점 악화 중이다.

우리 식구는 이전보다 고기 섭취를 대폭 줄였고, 그중 소고기
는 완전히 끊으려 시도했다. 그런데 더 과감한 실천이 필요하다
고 느껴서 뒤늦게 고기는 안 먹지만, 해산물은 먹는 페스카테리언
pescaterian이 됐다. 산림 감시원의 후손인 내가 마침내 고기를 끊기
로 한 것이다. 작은 부분이지만, 어쩌면 내가 할 수 있는 전부이기
도 하다.

11

플라스틱 후유증

1981년이었다. 나는 운하의 수문으로 내려가는 나무계단 앞에서 망설이고 있었다. 햇볕이 들지 않고 공기도 잘 통하지 않는, 화학약품 냄새가 후각을 마비시키는 곳에 서 있었다. 계단을 내려가면 다시 올라오지 못할 것 같은 기분이 들었다. 그곳은 독일의 잘츠기터Salzgitter시였다. 별다른 특징 없이 평평하기만 한, 따분한 이 도시는 1930년대 철광석 광산으로 개발되며 한 차례 몸살을 겪었고, 제2차 세계대전 때는 연합군의 집중 폭격으로 점령당한 역사가 있다. 지형적으로 가장 도드라진 특징은 채굴과 토목 작업으로 생긴 흙무더기이며, 연못은 대부분 직사각형 형태로 만들어졌다.

겉에서는 보이지 않지만, 계단 밑으로 콘라드 광산(Konrad Mine, Schacht Konrad)이 자리하고 있다. 1970년대 중반 이후, 독일 원자력발전소에서 배출한 방사능 폐기물(radioactive waste)은 최종적으로 이 광산에서 보관되고 있다. 대부분이 거칠고 황폐한 풍경이지만, 그 가운데로 흐르는 물줄기는 독일 최대 규모의 인공 수로인 미텔란트운하(Midland Canal, Mittellandkanal)로 흘러든다. 독일 동서 지역을 잇는 이 내륙 수로는 독일과 프랑스(독일 서쪽)를 이어주기도 하고, 독일 엘베강과 엘베뤼베르크 운하Elbe-Lübeck Canal를 따라 배를 타고 이동하면 발트해(독일 동쪽)까지 올라갈 수 있다.

당시 내가 잘츠기터시를 찾은 이유는 역시나 여름방학 아르바이트 때문이었다. 시간당 최저 임금으로 독일의 인프라를 개선할 기회를 얻은 셈이다. 댐과 운하의 수문은 제대로 정비되지 않은 듯 보였다. 금속 부분과 건물의 주요 골격은 녹과 오염, 마모를 대비해 플라스틱 코팅이 필요한 상태였다. 우리가 사용한 에폭시 수지 (epoxy resins)는 칠흑같이 어두운 검은색이었는데, 두 가지 액체로 나뉘어 있었다. 현장에서 이 재료들을 섞은 다음 양생(curing, 햇볕을 받으면 화학 반응이 일어나 강도가 세진다―편집자) 과정을 거치는

데, 지나친 끈기가 생기기 전에 최대한 빨리 수문 벽면에 발라야 한다. 두 액체는 섞자마자 즉각 반응을 일으킨다. 고생대 시대 진흙 연못처럼 부글부글 거품이 끓어오르는가 하면 고약한 악취도 풍긴다. 시간이 조금 흐르자 피부와 기도가 타들어 가는 듯한 느낌마저 들었다. 심지어 우리는 마스크도 쓰지 않은 상태였다.

우리 인부들은 밖에서 재료를 먼저 섞어서 양동이에 가득 담은 뒤 나무계단을 밟고 아래층으로 내려갔다. 그런데 그쪽은 따로 환기구가 없었다. 우리를 감싸고 있던 자욱한 연기는 결국 우리 폐로 들이마실 수밖에 없는 구조였다. 사람들은 어떻게든 빨리 일을 끝내려고 서둘렀다. 자주 밖으로 나왔고, 또다시 양동이를 가득 채워 재료를 퍼 날랐다. 첫날 어스름 무렵에 살펴보니 피부는 마치 열에 익은 듯 불그스름했다. 그리고 다음 날에는 얼굴과 이마의 살갗이 벗어지기 시작했고, 셋째 날이 되자 따가운 통증까지 더해져 페나텐Penaten 크림(독일 브랜드의 아기용 크림―편집자)을 얼굴과 피부가 노출된 곳에 발랐다. 에폭시 수지가 내뿜는 유해 가스(corrosive gas)로 피부가 손상되는 것을 막으려는 시도였다.

사람들이 일하다 말고 운하 밖으로 나와 신선한 공기를 깊이 들이마실 때마다 이상한 장면이 펼쳐졌을 것이다. 가위에 눌려 질식

할 것 같은 상황을 벗어나려고 몸부림치는 우리 모습은 언뜻 팬터마임 공연처럼 보였을 수 있다. 2주 동안 에폭시 수지를 섞어 벽에 바르기를 반복한 끝에 마침내 작업은 끝이 났다. 이제 또 다른 작업 현장으로 이동할 순간이었다.

잘츠기터시에서 에폭시 수지를 혼합해 댐과 운하에 바르는 일을 한 지도 30년이 지났다. 내가 다시 합성 수지를 다루는 일을 하게 될 줄은 몰랐지만, 이번에는 다른 목적을 두고 조심스럽게 작업에 임했다. 이 일을 위해 우리 가족은 미국 동부를 떠나 소노라 사막(Sonoran Desert)과 가까운 태양의 계곡(Valley of the sun) 지역으로 이사했다. 이곳 템피Tempe시에는 미국 내 사립재단이 운영하는 학교 중 가장 규모가 큰, 애리조나주립대학교가 자리한다.

　나는 이때도 연구팀을 모집했다. 교수는 평균 4년 주기로 새로운 연구원을 맞아들이고 기존 인원을 내보낸다. 박사 과정을 밟는 학생을 새로 받으면 그 친구들이 학위를 받으면서 연구팀을 나가는 게 일반적인데, 그러는 동안 통상 4년 정도 시간이 소요된다. 이렇게 팀을 꾸려 같이 연구하다 보면 인생의 희로애락을 겪을 때 서로 기쁨과 위안을 주고받을 수 있다. 새로운 학생을 만나면 그가 박사 학위 논문의 주제를 정하고 연구를 마칠 때까지 학업 과정을 지도한다. 그럴 때 가르치는 사람만이 느낄 수 있는 커다란 기쁨이 있다. 대학원에서 공부하는 시간은 자신을 완성하는 시기라고도 할 수 있다. 자기 검열을 마치고 세상에서 자기 위치를 확인하는, 진정한 소명 의식을 발견하는 시기이기 때문이다. 나 또한 같은 과정을 밟았고, 많은 학생들을 이와 같은 방식으로 지도해 왔다.

큰 문제가 없는 한, 학생은 공부를 통해 학위와 함께 성취감을 얻을 수 있고, 운이 좋으면 평생의 반려자를 만나기도 한다. 가슴 뛰는 직업과 자아를 발견하고 결혼에까지 골인하는 일은 연구팀 내에서는 정말 흔한 일상이다. 물론 그보다 먼저 필사적인 노력이 선행되어야 하지만 말이다.

그중 찰리는 다른 팀에서 우리 연구팀으로 이적한 친구로, 이제 막 학위 논문 주제를 선정하려는 단계였다. 몇 번의 토론을 거쳐 그가 정한 주제는 '플라스틱'이다. 플라스틱은 우리 삶 곳곳에 널린 물건이자 환경 보건 측면에서 연구 및 조사할 부분이 매우 많은 화합물이다.

오늘날 플라스틱은 시대에 뒤떨어지는 물건이 아닐 수 없다. 물론 많은 것들이 우연으로 발명되었지만, 그 어떤 물건도 대량 생산이나 재활용 개념과는 어울리지 않는다. 한마디로 플라스틱은 세계적으로 봐도 손해만 가져오는 골치 아픈 사고뭉치에 지나지 않는다. 플라스틱은 인간의 건강에 다차원으로 영향을 미치고 있으며, 끊임없이 새로운 문제를 일으키는 중이다.

찰리가 내게 연락하기 몇 년 전, 나는 우리가 일상생활에서 사용하는 플라스틱의 성분과 위험성을 다룬 문헌을 조사한 적이 있다. 그때 학술지 〈연간공중보건리뷰(Annual Review of Public Health)〉 중에는 '플라스틱이 건강이 미치는 영향(Plastics and Health Risks)'이라는 제목으로 발표된 짧은 논문이 실려 있었다. 논문은 플라스틱이 현대 사회에 가져온 여러 문제를 나열하고 있었다. 단일체(monomer, 플라스틱의 구성 요소)를 사용하면서 생긴 발암성, 프탈레이트phtalate 같은 가소제(plasticizers, 플라스틱이나 합성 수지, 합성 고무 등에 넣어 유연성 및 가공성을 높이는 물질―편집자) 사용이 가져온 문제가 특별히 눈에 들어왔다. 또한 내분비 교란 물질로 생겨난 다양한 문제(가령, 남성의 생식 능력 저하와 정자 수 감소, 여자 아이들의 성조숙증 문제, 체중 증가 및 인슐린 저항성 증가)를 집중 조명했다.

플라스틱을 만들 때는 과불화 화합물, 브로민계 난연제, 항미생물제, 유해 색소 등 독성 화학 물질도 추가로 들어간다. 이런 화학적 위험성이 아니더라도 플라스틱은 사람이나 동물이 잘못 삼켰을 때 질식이나 염증을 유발할 수도 있다. 게다가 미세 플라스틱(micro plastics) 형태로 사람이나 동물 세포 내로 들어오면 암을 일으킬 가능성도 매우 크다. 현대 사회 플라스틱 업계의 제조 방식 및 철학을 요약하면 다음과 같다.

"독성 물질로 독성 물질을 없앤다."

하지만 한편으로 플라스틱은 맨눈으로 쉽게 알아볼 수 있는 몇 안 되는 화학 물질이라는 점에서 매우 흥미롭다. 플라스틱이 환경을 더럽히는 모습은 도처에 널렸다. 이를 통해 사람들은 우리가 소비하는 플라스틱 제품과 환경이 어떤 관계에 놓였는지를 적나라하게 알 수 있다. 하천을 따라 걷다 보면 강바닥을 딛고 올라온 플라스틱 쓰레기가 물 위를 둥둥 떠다니거나 강기슭의 나뭇가지에 매달려 있는 게 보인다. 물이 범람하면 쓰레기가 나무 위로 올라가기도 한다. 물밑은 보나 마나 더 많은 플라스틱 쓰레기로 차 있을 것이다. 비닐봉지, 담배 필터, 비닐 랩, 페트병, 플라스틱 소재 옷이나 낚싯줄 등 끝도 없다.

인류는 플라스틱 쓰레기를 어찌 처리해야 할지, 구체적인 대안도 없으면서 거의 모든 소비제를 플라스틱으로 만들고 있다. 매해 사람들이 쏟아내는 플라스틱 폐기물 양은 3억 톤 이상이다. 이 쓰레기들은 미생물로 분해되지도 않아서 이제 보관할 장소마저 마땅치 않은 실정이다.

앞 장에서 설명한 내용을 기준으로 하면, '플라스틱도 탄소 골격에 있는 수소를 할로겐 원자로 대체했기 때문에 생분해(biodegradability)가 어려운가?'라고 생각하는 사람이 있을 수 있다. 하지만 모든 플라스틱이 이런 구조를 띠는 것은 아니다. 테플론으로 널리 알려진 폴리염화비닐(polyvinyl chloride, PVC)에만 해당하는 이야기이다. 폴리염화비닐은 폴리테트라플루오로에틸렌Polytetrafluoroethylene과 수많은 염화탄소 결합으로 이뤄진 잔류성 플라스틱 중합체(persistent plastic polymer)를 말한다. 대부분의 플라스틱 제품은 탄소-할로겐 결합물을 포함하지 않는데도 계속해서 잔류성이 매우 높은 오염성을 지닌다. 그래서 학자들은 수백 년 아니, 수천 년이 지나도 이 성분이 분해되지 않은 채 지구를 떠돌며 환경을 오염시킬 것이라 예측한다. 도대체 이유가 뭘까.

확실한 점은 현대 화학 산업의 생분해 정책이 완벽히 실패했다는 사실이다. 이를 입증하는 증거가 바로 곳곳에서 보이는 플라스틱 쓰레기다. 이론상으로는 가능하고도 남을 생분해가 다른 여러 이유로 실행되지 못하고 있다. 우선 박테리아에게 플라스틱은 전혀 매력적인 먹이가 아니다. 박테리아는 때때로 플라스틱에 침착해 서식하지만, 공격성을 가지고 있지는 않다. 두 번째로 접근성이 그리 좋지 않다. 중합체(polymer) 크기가 너무 커서 세포 안으로 들어갈 수가 없는 것이다. 그러니 미생물 입장에서는 분해 효소(degradative enzymes)를 분비하면서까지 외부 세포인 중합체를 파괴할 이유가 없다. 분비한 효소 단백질이 금방 소멸하거나 비활성화된다면 박테리아 입장에서 이 과정은 지나치게 비효율적인 투자일 수밖에 없다. 세 번째로 미생물은 분자 가위(molecular scissors) 결합 방식이나 효소 반응으로 화학물과 결합하기 때문에, 복잡하고 규칙성이 떨어지는 구조보다 단순하고 규칙적인 구조를 더 선호한다. 네 번째로 미생물은 지독한 편식쟁이다. 브로콜리나 시금치는 손도 대지 않고, 맛있는 음식만 먹으려 하는 어린아이를 떠올리면 이해가 쉽다. 마지막으로 미생물은 플라스틱이 많이 쌓인 환경 조건(environmental conditions)에서 제대로 활동하지 못한다.

이런 제약점을 생각하고 다시 초창기 플라스틱을 들여다보자.

1940년대 이후 대량 생산하기 시작한 플라스틱은 어쩌다 보니 단 한 번도 변형을 거친 적이 없다. 조건이 맞지 않으니 자연 속에서 미생물을 만나 분해된 적이 없는 것이다. 플라스틱의 재료가 화석 연료인지 식물성 원료인지를 떠나서 최종 생산물이 폴리카보네이트polycarbonate나 폴리염화비닐 같은 1세대 플라스틱이라면, 이들은 자연에 계속 잔류하며 환경을 오염시킬 것이다.

찰리는 캘리포니아에서 나고 자라는 동안, 플라스틱 쓰레기로 환경이 오염되는 과정을 충분히 경험했다. 그래서 박사 학위 논문에서 플라스틱 오염 문제를 다루고 싶었는지도 모른다. 내 동료 교수는 찰리에게 마이크로 라만 분광계(μ-Raman spectrometer) 같은 도구로 합성 플라스틱을 분석, 구분하는 방법을 알려 줬다. 우리 연구팀은 이를 활용해 수집한 다양한 샘플과 각국에서 우리 실험실로 보내준 플라스틱 샘플을 합쳐 오염도를 측정하고 기록했다.

그리고 2017년 여름, 나와 찰리는 할리우드에서 온 영상 제작진을 만나 〈바다; 애리조나주립대학교가 전하는 세상을 바꾸는 삶의 방식(Oceans: How one life powered by ASU can change the world)〉이라는 제목의 대학교 홍보 영상을 찍었다. 제작 기간 3일을 들여 60초짜리 영상과 30초짜리 영상 최종본을 완성했다. 이 영상은 록키마운틴에미상을 수상하며 지역 극장에서 계속 상영됐으며, 심지어 2017년에는 슈퍼볼(미국 프로 미식축구 경기—편집자) 중간 광고 시간에 방영되어 안 본 사람들이 드물 정도였다.

사실 최종 홍보 영상에는 나오지 않지만, 촬영하는 동안 기억에 남을 만한 몇 가지 사건이 있었다. 그중 하나는 공항에서 몬터레이Monterey 항구로 이동하는 중에 들른 식당에서 일어났다. 촬영팀과 점심을 해결하려고 찾은 바비큐 식당은 들어서자마자 장작과 고기 타는 냄새가 솔솔 풍겼다. 그 냄새를 맡으니 볼티모어의 빅토리아식 주택에 살던 시절의 행복한 추억이 떠올랐다. 앞마당에 설치한 소형 숯불 그릴에 고기를 올려 지글지글 구우면서 소방차 놀이를 하던 두 딸아이를 흐뭇하게 바라보던 날이었다. 당시 나는 2년 넘게 페스카테리언 생활을 유지해 왔는데, 끝내 식당의 대표 메뉴인 폭립pork rib의 유혹에 지고 말았다. 그날 나는 실컷 고기를 먹었다.

그날 항구에 도착해 보트를 타고 몬터레이만으로 진입하자마자 바다가 매우 거칠어졌다. 그리고 촬영팀은 보트가 큰 파도에 부딪힐 때 카메라를 떨어트렸다. 물 위에 떠 있는 배를 촬영하는 오프닝 장면을 찍을 때, 나와 찰리는 배의 앞부분으로 이동했다가 얼음장처럼 차가운 파도를 맞기도 했다. 그렇게 우리는 쫄딱 젖고 말았다.

에피소드는 여기서 끝이 아니다. 대형 드론 카메라를 회수하려 할 때도 파도가 너무 높이 들이쳐서 드론을 갑판에 착륙시키는 게 여간 어렵지 않았다. 촬영팀 중 한 명이 손으로 드론을 잡겠다고 나섰는데, 몇 번의 시도 끝에 겨우 성공했다. 만약 그날 손을 조금만 더 위로 뻗었다면 드론 날개에 손가락이 끼어 큰 사고가 일어났을 수도 있다. 엎친 데 덮친 격으로 계속되는 파도 때문에, 내 속은 매우 울렁거렸다. 바닷물에 흠뻑 젖은 상태로 찬바람을 맞으며 서 있기는 했지만, 좋은 장면을 찍으려고 잠수복을 입고 물속으로 뛰어들어야 하는 찰리보다 훨씬 나은 상황이라고 생각했다. 하지만 얼마 지나지 않아 상황이 급변했다. 추운 날씨로 뱃멀미가 심해진 나는 영상 촬영 중간중간에 계속 난간 쪽으로 뛰어가 토를 해댔다. 2년간 꾹 참았던 폭립을 거품이 하얗게 이는 바닷속으로 토할 때마다 찰리가 나를 불쌍하다는 듯 바라봤다. 영상 마지막에 나오는 우리의 포옹 장면은 연출이 아니었다. 무사히 육지로 돌아온 것을 진심으로 축하하는 포즈였던 것이다.

플라스틱 재활용에 관해서는 교묘하게 조장된 근거 없는 믿음이 있다. 이 때문에 플라스틱이 가져온 오염을 통제하고 유의미한 예방 활동을 펼치기가 쉽지 않다. 분명한 점은 플라스틱은 제대로 재활용될 수 없다는 사실이다. 흔히 말하는 재활용은 원재료 가치를 떨어뜨린 다운사이클링downcycling(업사이클링과 대비되는 표현으로, 재활용할 제품을 재처리하는 과정에서 이산화탄소가 이전과 거의 비슷한 수준으로 발생한다─편집자)에 불과하다. 한 예로 페트병을 다운사이클링해 질이 낮은 플라스틱 소재의 공원 벤치를 만드는 식이다. 다운사이클링했다고 해서 초기 고부가가치 상품을 만드는 데 사용된 플라스틱의 양이 줄어드는 것도 아니다. 즉, 이 방법은 플라스틱 문제의 장기적인 해결책이 될 수 없다.

우리가 의무적으로 분리수거해 전국 재활용센터에 모이는 플라스틱은 진정한 의미로 재활용되는 것이 아니다. 어쩌면 그중에는 다운사이클링조차 할 수 없는 플라스틱이 섞여 있을 것이다. 플라스틱 쓰레기 배출량은 이미 재활용 수요를 초과한 지 오래다. 재활용센터에 모이는 페트병 네 개 중 단 하나만 재활용 혹은 다운사이클링 과정을 거치며, 나머지는 소각되거나 매립지로 다시 이동한다. 언제까지일지는 알 수 없으나 더러는 플라스틱 쓰레기를 수입하는 몇몇 나라로 수출된다. 찰리와 나는 '플라스틱 행오버Plastic

Hangover'라는 이름으로 애리조나주립대학교에서 열린 테드 강연에 나간 적도 있다. 우리는 그때 플라스틱 개발의 역사와 지난 70년간 플라스틱 오염 문제를 되짚은 뒤 현재 이 문제가 전혀 해결되지 않았음을, 그리고 이미 늦었다는 사실을 강조했다.

2018년 중국은 '더는 플라스틱 쓰레기를 수입하지 않겠다'고 발표해 미국을 비롯한 세계 선진국에 경종을 울렸다. 2050년이면 전 세계 매립지에 매장되거나 버려진 플라스틱 쓰레기양이 130억 톤에 이를 것으로 예상된다. 이때가 되면 바닷속에는 물고기보다 플라스틱이 더 많을지도 모른다. 인류가 당장 플라스틱 제품의 생산을 중단한다 해도 이미 배출되어 환경 속을 굴러다니는 플라스틱 쓰레기가 그대로 있다. 이것들이 바람과 파도에 휩쓸리며 산산조각으로 부서져 세상을 위협하고 있다. 이게 바로 인류가 최근에야 위험성을 깨닫기 시작한 플라스틱 조각, 미세 플라스틱이다.

새로운 형태의
이물감 없는 플라스틱

플라스틱 조각의 역사는 길고 복잡하다. 뒤이어 설명하겠지만, 이 것들은 인류에게 고통과 기쁨을 동시에 가져다줬다. 제2차 세계 대전 당시 전투기 조종석의 캐노피canopy(조종석 윗면의 투명한 덮개 —편집자)는 플라스틱 중합체로 만들었는데, 전시 상황에 총성이 나 충돌이 일어나면 이 캐노피가 박살 나면서 조종사와 승무원의 얼굴과 눈에 조각이 박히곤 했다.

영국 런던의 무어필드 안과병원에서 근무하던 의사 헤럴드 리 들리Harold Ridley는 부상자를 돌보다가 주목할 만한 사실을 하나 발견했다. 아크릴 중합체(acrylic polymer) 소재로 만든 플라스틱 조각은 사람의 눈에 박혀도 아무런 이물 반응을 일으키지 않는다는 점이었다. 이는 일반적인 면역 체계의 반응과 사뭇 다른 신체적 현상이었다. 즉, 플라스틱 조각은 오랫동안, 이론적으로는 영구히 눈에 박혀 있어도 큰 문제가 되지 않는다.

전쟁이 끝나고 헤럴드 리들리는 '시력에 문제가 있는 사람들의 눈에 렌즈를 삽입하면 더 잘 볼 수 있지 않을까?'라는 의문을 구체화하기 시작했다. 광학자인 존 파이크John Pike에게 문의해 현재 가치로 환산했을 때 35달러 이하로 렌즈 가격을 정할 수 있다는 의견을 받았다. 이 둘은 삽입술이 성공해도 사익을 취하지 않기로 합의하고 1949년 세계 최초로 인공 렌즈 삽입술을 시도했다. 또한 첫 수술 과정을 성토마스병원 동료들에게 생중계했으며, 동료들은 비밀 유지 계약을 맺고 리들리의 렌즈가 거부 반응을 일으키지 않고 제 기능을 하는지 오랜 기간 관찰할 수 있도록 도왔다.

수술은 성공적이었지만 영국의 안과 의사들은 이 삽입술이 너무 위험해서 일반 수술로는 적합하지 않다고 생각했다. 저항은 1970년대까지 이어졌지만, 미국에서는 4,000여 명의 의사들이 이미 그의 삽입술을 시도하고 있었다. 그는 94세로 사망했는데,

사망 1년 전인 2000년에 뒤늦게 공로를 인정받아 엘리자베스 2세 여왕에게 작위를 받았다. 우연인지도 모르겠지만, 이날 작위 수여식에는 '007 시리즈' 영화 주인공으로 유명한 숀 코네리Sean Connery도 참석해 함께 기사 작위를 받았다.

현대 사회에서 백내장을 제거하는 안과 수술은 이제 세계에서 가장 흔한 수술 중 하나가 되었다. 백내장은 수정체가 혼탁해져 시야가 흐려지는 대표적인 노인성 질환이다. 이 수술 또한 리들리가 최초 시도했는데, 그가 죽기 직전까지(약 50여 년) 세계적으로 백내장 수술이 이뤄진 횟수는 2억 건에 달한다.

2017년 9월, 나 또한 거의 고문에 가까운 안과 수술을 받은 경험이 있다. 당시 망막의 감각 신경층이 비정상적으로 분리되는 망막 층간 분리증(retinoschisis)으로 진단받았는데, 내 수술 주치의는 유난히 눈이 크고 키가 아담한 여자 의사였다. 내가 받은 시술은 영화감독 스탠리 큐브릭 영화 〈시계태엽 오렌지(A Clockwork Orange)〉에 등장하는 충격적인 방식, 루도비코 시술(Ludovico Technique)처럼 느껴졌다. 영화에 등장한 클램트(눈을 수술하거나 검사할 때 눈꺼풀을 고정해 벌려두는 데 필요한 기구로 '개검기'라고도 한다—편집자)로 눈꺼풀을 뒤집어 고정한 뒤 마취도 하지 않은 눈

동자에 급속 냉각한 외과용 탐침 도구를 대 그대로 망막을 얼려 버렸다. 그 고통은 말로 표현하기 어려울 정도로 극심했다.

수술이 끝나고 눈가리개를 한 나는 큰딸의 도움으로 겨우 집에 갈 수 있었다. 두 번째 병원에 방문했을 때 나는 수술 당시의 고통과 공포가 떠올라 주치의를 마주하는 과정을 견딜 수가 없었다. 결국 주치의를 바꿨고, 정기 검진 때부터는 다른 의사와 만났다. 나는 망막을 고정하기 위해 양쪽 눈에 극저온 요법(cryogenic treatment) 처치를 받은 것이었다. 새로 바뀐 의사는 검진 과정에서 내게 백내장이 있다며, 렌즈 삽입술을 권했다. 하지만 나는 최대한 수술을 미루고자 다양한 도수의 안경을 집과 차 등 주요 활동 범위에 비치한 채 생활하다 나중에 콘택트렌즈로 바꿨다. 렌즈가 생긴 뒤 나는 생활 공간에 퍼져 있던 안경을 모두 모아 수납장에 넣고, 대신 곳곳에 낱개로 포장된 일회용 콘택트렌즈를 뒀다. 그리고 잠들기 전에는 렌즈를 빼서 쓰레기통에 버렸다. 그런데 다음 날 아침에 보면 버렸다고 생각한 렌즈가 화장실 거울이나 수도꼭지, 쓰레기통 덮개 등에 붙어 있었다. 사용하고 뺀 렌즈를 제대로 관리하는 게 무척 힘들었다. 눈에 잘 띄지도 않는 데다, 시력이 나쁜 내가 눈에서 빠진 렌즈를 찾는 건 거의 불가능에 가까웠다.

어느 날 학생들과 새로운 프로젝트를 정하려고 브레인스토밍 회의를 하던 중 나는 일회용 콘택트렌즈에 얽힌 일화를 사람들에게 이야기했다. 나처럼 매일 밤 화장실 곳곳에서 렌즈를 발견해 골치 아픈 사람들이 더 있을 것이라 예상했기 때문이다. 또 그렇게 버린 렌즈가 엉뚱한 곳에 붙어 있다가 하수구로 들어간다면, 도대체 미국에서 매년 사용되는 수백만 개의 렌즈 중 얼마나 많이 버려지는지, 이런 렌즈는 어떻게 처리되는지 궁금했다. 학생들은 미국에서 버려지는 일회용 플라스틱 콘택트렌즈의 운명을 연구해 보기로 했다. 물방울이 모이면 바다도 이루는데, 그 양이 어느 정도가 될지 의문이었다.

엔지니어들은 우리가 사용하는 물질의 투입량과 배출량을 계산하는, 소위 물질 수지(mass balance)를 측정하기 좋아한다. 이는 연말이면 1년 동안 열심히 번 돈이 어디로 사라졌는지 보려고 신용카드 명세서를 뒤지는 것과 마찬가지다. 미국 전역에서 사용한 콘택트렌즈가 화장실 세면대나 변기를 타고 내려간다면, 이게 과연 어떤 문제를 일으키는지 확인할 필요가 있다. 또한 사람들이 매년 얼마나 많은 콘택트렌즈를 이용하는지, 그중 몇 퍼센트가 버려지는지를 정확히 파악해야 한다.

2017년 발표된 판매 데이터는 그해 미국에서만 약 4,500만 명이 140억 개의 콘택트렌즈를 샀다고 전한다. 이를 무게로 환산하면 약 227톤이 된다. 이 플라스틱 물질 중 오폐수로 유입되는 비중은 어느 정도일까. 우리 학생들은 선거 관련 여론을 조사할 때와 유사한 온라인 서베이 방식으로 렌즈 처리 과정을 조사했다.

미국민의 대표 표본(representative sample) 집단이 자진 신고한 결과를 보면 콘택트렌즈 사용자 다섯 명 중 한 명은 화장실 세면기나 변기로 렌즈를 흘려보낸다고 응답했다. 이는 매일 700만 개 이상의 렌즈가 하수구로 버려져 어디론가 흘러간다는 이야기다. 오폐수에 섞인 렌즈가 어떻게 되는지를 알기 위해, 연구원들은 지역 소재 하수 처리장에 문의해 조사 허가증을 받았다. 우리는 처리장 곳곳에 회수망을 설치해 그곳에 걸리는 렌즈를 실험실로 가져온 뒤 마이크로 라만 분광기로 정밀 분석했다.

실험실 분석 및 도시의 하수 처리장을 조사한 결과, 버려진 콘택트렌즈는 정화 탱크 바닥에 가라앉아 하수 오니(sewage sludge, 오염 물질이 포함된 진흙—편집자)의 일부가 된다. 학생들은 용감하게도 하수 오니를 직접 뒤져서 렌즈를 찾아내기도 했다. 하지만 대부분이 정화 과정 중 으스러졌다. 라만 분광기로 보면 중합체 자체는 손상되지 않았는데, 하수 오니가 탱크 안으로 유입되어 회전하면 렌즈가 산산조각으로 부서져 눈으로 볼 수 없는 알갱이가 됐다. 이 플라스틱 조각이 바로 미세 플라스틱이다.

오늘날 미국에서 발생하는 하수 오니는 규정대로 정화 처리된 다음 도시 바이오 고형물(municipal biosolid) 형태로 재생되어 농지에 뿌려진다. 그런데 우리가 파악한 바로는 하수구로 버려진 렌즈 조각은 이 바이오 고형물 속에 고스란히 남아 있다. 하수 처리장에 버려진 콘택트렌즈 조각을 모두 수거한다고 하면 매년 45톤을 모을 수 있을 것이라 추정한다. 그 방대한 양 중 절반이 바이오 고형물 형태로 농촌에 뿌려지고, 11톤 정도는 매립, 6톤 정도는 소각되고 있다.

세계적으로 버려지고 방치되는 콘택트렌즈 비율은 점점 커지고 있다. 우리 연구팀은 2018년 미국화학협회 총회 기자 회견장에서 이 새로운 형태의 플라스틱에 관해 발표했다. 우리 발표는 사람들의 이목을 끌었고, 740여 개 이상의 매체가 이 소식을 다뤘다. 연구팀은 지금 이 언론 보도 이후 사람들이 렌즈를 버리는 습관을 바꾸었는지, 그리고 오폐수에 버려진 렌즈 수가 줄었는지를 파악 중이다.

하지만 콘택트렌즈 조각은 미세 플라스틱 문제 중 극히 일부분에 불과하다. 애리조나주립대학교 홍보 영상을 촬영한 캘리포니아 몬터레이 해변만 떠올려도, 미세 플라스틱은 이제 수면뿐 아니라 바닷속 협곡에도 널리 퍼져 있다. 이런 상황은 사람들이 전혀 예측하지 못했던 문제다. 플라스틱으로 인한 범지구적 해양 오염 문제는 1997년 태평양을 떠다니는 거대한 쓰레기 섬이 발견되면서 공론화됐다. 눈으로 보이는 것 외에 더 많은 플라스틱이 바다 밑에 가라앉아 있다. 인류가 수십 년 동안 수십억 톤에 이르는 플라스틱 및 방사능 물질을 포함한 각종 쓰레기를 버린 결과다.

찰리가 대규모 촬영팀의 도움으로 제작한 홍보 영상을 보면 해저 1,000미터 이하의 해수 기둥(water column)에도 미세 플라스틱이 존재한다는 사실을 알 수 있다. 어두운 바닷속을 떠돌던 플라스틱 조각은 먹이사슬을 따라 돌고 돌아 결국 인간의 식탁 위에 오른다. 그리고 사람들 몸 안으로 들어가 켜켜이 쌓인다. 이제 미세 플라스틱이나 플라스틱에 오염되지 않은 장소는 지구상 그 어디에도 없다. 식탁 위에 놓인 소금과 해산물, 맥주, 생수에만 포함된 게 아니라 도시 속 공기와 극지방에 내리는 눈, 고도 높은 산의 만년빙에서도 발견된다.

플라스틱이 어디에 있는지 잘 느끼지 못하겠다면, 근처 옷 가게에 들어가 플리스 재킷이나 폴리에스터 셔츠를 입어 보라. 옷을 갈아입는 동안 우리가 숨 쉬는 대기로 섬유 올이 먼지처럼 날리는 것을 볼 수 있다. 합성 섬유(synthetic fibers)를 세탁할 때는 옷을 갈아입을 때보다 더 많은 미세 플라스틱이 유출되어 물과 공기로 퍼진다. 플리스 재킷을 한 번 세탁할 때마다 최대 25만 가닥의 합성 섬유가 세탁수를 타고 빠져나간다. 그런데 미세 플라스틱이 사람들 건강에 미치는 영향을 살핀 연구는 여전히 걸음마 단계에 머물고 있다.

사회는 꽤 오랜 기간 플라스틱에 중독된 채 살아왔다. 다양한 후유증을 목격하면서 비로소 처분 전략(end-of-life strategy)을 제대로 갖추지 않은 물질을 대량 생산하는 게 위험한 일임을 깨달았다. 오늘 당장 생산을 중단한다 해도 미세 플라스틱 쓰레기양은 지구 곳곳에서 늘어나기만 할 것이다. 이미 버린 플라스틱 쓰레기가 분해되면서 미세 플라스틱이 될 예정이니 말이다. 그동안 방치한 플라스틱이 잘게 쪼개져 동물과 인간이 호흡할 때마다 몸에 쌓인다는데, 우리가 무엇을 할 수 있겠는가.

2018년, 나는 백내장 전문의의 권유로 결국 양쪽 눈에 리들리가 고안한 인공 수정체 삽입 수술을 받았다. 20년 가까이 뿌옇게만 보이던 강렬한 원색 세상을 다시 만나 얼마나 기뻤는지 모른다. 처음에는 이 아크릴 렌즈가 22년 전, 아내가 내 왼손에 끼워준 결혼반지처럼 어색했는데, 몇 개월이 지나자 아무런 이물감이 느껴지지 않았다. 조깅하거나 출근할 때, 출장 갈 때도 더 이상 돋보기를 챙기지 않게 되었다. 리들리라면 분명 동의할 테지만, 플라스틱이라고 해서 모두 나쁜 건 아니다. 하지만 습관을 바꾸지 않으면 플라스틱 문제는 영원히 사라지지 않은 채 인류를 괴롭힐 것이다.

13

인류 건강을 진단하는
새로운 기술

우리 연구팀은 2000년대 초반에 인류 건강 관측소(Human Health Observatory, HHO)를 설립했다. 당시에는 사실 이렇게 장기 프로젝트가 될 줄은 상상도 못 했다. 말하자면 이 연구소는 인류의 맥박을 짚어 인간의 멸종이 얼마나 가까워졌는지를 파악한다. 그리고 더 안전하고 살 만한, 지속 가능한 미래를 만들려면 어떤 노력이 필요한지를 알려 주는 역할을 한다.

인류 건강 관측소는 정확히 2006년 여름에 설립됐다. 2001년에 환경 보호청 협력사 중 한 곳에서 미국도시하수오니(US

National Sewage Sludge Survey) 현황을 조사했는데, 우리 팀에 조사 협조를 요청한 때와 맞물린다. 하수 오니는 바이오 고형물이라고도 불리는데, 도시 하수 처리장에서 정화하고 남은 부산물을 뜻한다. 보통은 농촌 토양 위에 뿌리는 방식으로 처분한다. 어쨌든 조사 협조를 의뢰한 협력사 덕에 우리 팀은 2007년에는 미국 전역의 오니 샘플을 얻게 되었고, 곧 모니터링 대상을 확대해 오늘날에는 3,200만 명의 미국 국민과 전 세계 350개 도시에서 살아가는 2억 5천만 명분의 오니 샘플을 획득했다. 어쩌면 곧 세계 10억 인구가 배출한 오니 샘플을 얻어 그들의 건강과 생활 습관을 분석하게 될지도 모른다.

인류의 8분의 1이 배출하는 쓰레기를 분석하고, 각 도시의 하수 오니에서 유해 물질을 검출해 조사하면 많은 것들을 알 수 있을 것이다. 가령 우리가 지금껏 자연에 쏟아버린 잔류 화학 물질이 어느 정도인지, 그것들이 사람들의 건강에 어떤 영향을 미쳤는지 등이다. 인류 건강 관측소는 필요하다면 매주 혹은 매월, 그것도 아니라면 매년 이런 자료를 축적해 시간을 두고 인류와 지구 건강 상태를 점검해 보려 한다.

2003년, 미국 최초로 설립된 하수 처리장에 방문해 항균제에 해당하는 트리클로카반과 트리클로산을 어떻게 처리하는지 조사한 적이 있다. 시간이 흐르면서 자연스럽게 우리 연구팀은 모니터링 대상인 도시를 늘려야 했는데, 그에 따라 살펴야 할 화학 물질 종류도 증가했다. 새로운 하수 처리 기법을 도입한 회사도 있었기에 우리도 그에 걸맞은 분석 프로세스를 개발해야 했다. 그러다 보니 현재 우리 팀은 미국에서 가장 큰 규모의 하수 오니 및 오염수 샘플을 보유한, 전 세계적으로 가장 광범위한 샘플 모니터링 네트워크를 갖춘 연구소가 됐다. 초반에는 그저 잔류성 화학 물질이 어떻게 오폐수에서 오니로 이동하는지, 오니에서 토양으로 옮겨 가는지가 궁금했는데, 계속 연구하다 보니 2010년 즈음에는 더 많은 것들이 보이기 시작했다. 특히 오니 소화 탱크(digested sewage sludge)를 조사하면 굳이 인체 노폐물 처리장을 따로 조사하지 않아도 인체에 쌓인 오염 물질을 파악할 수 있다는 사실을 깨달았다.

소화 탱크에는 미국 전역에 설치된 수천 개의 오수 처리장에서 정화하고 남은 오니 찌꺼기가 모인다. 이 농축 물질은 대변과는 다른 성분이지만, 약간 비슷한 냄새가 나긴 한다. 갈 길을 잃은 오니 속 화학 물질은 분해 중인 박테리아의 지질이나 탄소 구조에 일시적으로 붙어 있었지만, 끝내 독성 성분을 없애지는 못했다. 그런데

공교롭게도 인체 내부 조직 또한 오니처럼 탄소와 지질 즉, 살과 지방으로 이루어져 있다. 다르게 말하면 화학 작용 면에서 볼 때 인간과 오니는 구조적으로 매우 유사하다는 뜻이다.

레이첼 카슨이 자연에 쌓인 채 잔류하는 디디티의 위험성을 경고한 이후, 화학자들은 인간이 유해 물질을 몸속 지방층에 쌓아 둔다는 사실 즉, 체내 축적(body burden)한다는 것을 알게 됐다. 만일 오니와 신체 구성 물질(물은 제외)이 지방과 탄소 위주라면, 그리고 인간의 장내 미생물이 하수 오니를 처리하기 위해 혐기성 소화조 (anaerobic digester, 오니 같은 고농도 유기물을 분해, 환원하기 위해 만든 밀폐된 탱크—편집자)에 넣는 세균과 같은 역할을 한다고 가정하면 어떤가. 어쩌면 인간의 몸에 쌓이고 있는 독성 물질은 오니에 쌓인 유기물과 같거나 비슷한 성분일 수도 있다. 즉, 오니 소화에 잔류하고 있는 화학 성분을 측정하면 인간의 몸에 쌓인 독성 화학 물질이 어느 정도인지를 충분히 파악할 수 있다는 의미다. 오니를 대리 물질(proxy material)로 삼아 인간을 이해하는 데 필요한 신뢰성 높은 데이터를 얻을 수 있다.

이 가설을 검증하고자 우리 연구팀은 미국 전역에서 배출하는 오니 소화 탱크에서 잔류성 독성 유기 화학 물질을 검출했다. 그리고 미국인 몸에 쌓여 있는 독성 물질의 평균량과 비교했다. 이 때 미국인 체내 성분은 미국국가보건통계청(National Center for Health Statistics)과 질병통제관리센터가 역대 최대 규모로 주관한 모니터링 프로그램, 국립보건영양조사(National Health and Nutrition Examination Survey, NHANES) 데이터를 활용했다.

하수 처리한 오니의 잔류 화학 물질은 국립보건영양조사가 발표한 데이터와 70퍼센트 정도 일치했다. 수천 명에 이르는 미국인의 체지방에 오니와 같은 독성 물질이 쌓여 있는 셈이다. 이는 관련성을 입증할 유의미한 결과였다. 단순히 성분 비율이 일치하는 정도만 높은 게 아니었다. 이 자료를 도표화하기 위해 그래프를 그려 보니 오니 소화에서 검출된 화학 물질과 미국인 체내에서 검출한 독성 물질은 서로 비례 관계였다. 관계 그래프상으로 보면 오니 소화에 잔류하는 합성 유기 화합물이 어느 정도인지 파악하면, 하수 처리장이 있는 구역 내 주민들의 체내에 쌓인 독성 화학 물질도 어느 정도 예측할 수 있었다.

이 발견으로 우리는 새롭고도 저렴한 방식으로 인간의 몸에 쌓인 화학 물질을 추산할 수 있게 됐다. 우리 팀은 이 방식을 '하수 오니 역학(sewage sludge epidemiology)'이라 이름 붙였고, 임상연구심의위원회(Institutional Review Board)의 심의를 무사히 통과했다. 이제 해당 집단의 세포 샘플을 수집하거나 분석하는 코호트 연구(cohort studies, 특정 요인에 노출된 집단과 그렇지 않은 집단을 추적하고 연구하는 방식으로 질병 발생률과 발생 관계 등을 조사하는 연구법─편집자)를 실시하지 않고도, 그 지역 하수 처리장의 하수 오니를 분석해 사람 몸에 쌓인 독성 물질을 계산할 수 있다. 우리 팀은 금세 이 흥미로운 실험 방식에 매료됐다. 한 예로 미국에서 가장 큰 하수 처리 시설인 시카고 하수 처리장에서 복합 하수 오니 샘플을 하나 검출했다고 하자. 이것만 분석하면 인근에 사는 200만 명의 사람들 몸속에 축적된 잔류 화학 물질을 짐작할 수 있다. 이 거대한 하수 처리장에서 정화하고 있는 사람들의 대변 성분이 그 자체로 진단 검사 검체가 되기 때문이다.

하수 오니 말고 폐수를 검체로 활용해도 전 세계 사람들의 건강 상태를 파악할 수 있다. 이 새로운 방식은 폐수 기반 역학(wastewaterbased epidemiology)이라 불리며, 유럽에서 최초로 성공했다. 의료 분야에서는 환자가 의사에게 대소변 샘플을 제출해 개인 건강 상태를 진단하고 치료 여부를 결정하는데, 이와 비슷하다. 우리 연구진도 의료계처럼 시료를 사용하긴 한다. 단지 24시간 동안 도시 인구 전체가 배출한 대소변을 이용한다는 게 다를 뿐이다. 이런 방식은 질병 관리의 접근 방식을 아예 새롭게 할 수도 있다. 그동안 비싼 값을 내야만 받을 수 있었던 정밀 의학(precision medicine*)이 저렴한 공중 보건 관찰 방식으로 전환되면 질병을 더 효과적으로 관리할 수 있을 테니 말이다.

내가 지도하는 학생 중 어떤 이는 약물 과다 복용으로 친구 둘을 잃은 경험이 있다. 이들은 운동으로 부상을 겪은 많은 이들이 그랬듯, 제약업계와 의료 전문가들이 과잉 처방한 마약성 진통제(opoid)를 복용하기 시작했다. 그런데 이 늪에서 빠져나오지 못한 채 약물 오용으로 결국 죽음에 이르렀다. 이런 일을 겪은 내 제자는 우리 연구팀이 동네에서 소비되는 모든 약물과 그 양을 보여 주는 온라인 대시보드를 개발하는 데 큰 도움을 줬다. 세계 최초로 만들어진 이 대시보드를 애리조나주립대학교가 위치한 템피시에 설치할 때도 기꺼이 프로젝트에 함께했다.

설치 프로젝트를 앞두고 우리 연구팀은 시청 직원들과 함께 템

• 개인의 환경, 유전체 정보, 생활 습관 등의 정보를 기반으로 개인의 질병 상태를 예측하고 의료적 예방 및 치료를 제공하는 것

피시 주요 위치에 있는 오폐수를 수거했다. 자동 채수기가 24시간 동안 작동하면서 화학 정보를 수집하는 데 필요한 일정량의 물을 모아주는데, 연구팀은 때로는 7일 연속, 어떨 때는 한 달에 한 번 주기로 샘플을 채취했다. 그렇게 분석한 정보는 지체하지 않고 인터넷 포털의 공중 보건 대시보드에 공개했다. 그런 다음 한 달에 한 번씩 템피시의 시장을 만나 약물 중독 데이터를 분석하고 해결 방안을 논의했다.

폐수 기반 역학 분석은 그 자체로 꽤 중독성(물론 좋은 의미로) 있는 정보 전달 방식이라는 생각이 든다. 2017년 미국에서만 약 7만 명이 약물 남용 사고로 목숨을 잃었는데, 이 방식이 문제를 예방하는 데 도움이 되기를 간절히 바란다. 가까운 나라인 캐나다는 거의 실시간으로 국민 건강을 점검할 수 있는 이 분석 방식에 매력을 느껴 결국 2019년 8월, 정부 차원에서 온라인 대시보드를 설치했다. 마리화나 합법화가 지역 주민들의 소비와 건강에 어떤 영향을 미치는지 조사하기 위해서다.

이 분석 원리는 독성 화학 물질뿐 아니라 병균의 위험으로부터도 시민들을 보호한다. 미국 내 200여 개 도시에 사는 3,200만 명이 배출한 하수와 오니 혼합물을 분석한 결괏값이 이를 증명한다.

바이러스 학자와 생의학자를 포함하고 있는 우리 연구팀은 채취한 샘플에서 사람들의 유전 정보를 추출한 뒤 모든 바이러스 데이터를 분석했다. 이를 메타게놈 서열 분석(metagenomic sequencing)이라 하는데, 이렇게 우리 팀은 미국 전역의 오폐수에서 발견되는 모든 바이러스 리스트를 확보할 수 있었다.

연구팀이 쫓던 바이러스성 병원균(viral pathogens)을 찾았음은 물론이고, 이전에 단 한 번도 검출되지 않았던 3,500여 종의 새로운 바이러스도 발견했다. 지금은 이 바이러스들이 공중 보건과 의학 분야에서 어떻게 작용할지를 조사하고 있다. 미국국립의학도서관(National Library of Medicine)의 후원을 받은 4년의 연구 기간에는 미국의 바이러스 지도(Atlas of Viruses)도 제작했다. 또한 계절성 독감 같은 바이러스 유행을 미리 감지하고 예방할 수 있도록 전국적 조기 경보 시스템(nationwide early warning system)의 시제품을 만들었다.

박테리아도 그렇지만 모든 바이러스가 다 나쁜 것은 아니다. 오히려 바이러스는 주요 진화 과정에서 촉진제로 작용하기도 한다. 유전자 정보 교환을 도와서 생물 다양성을 보전하도록 돕는 것이다. 박테리아를 죽이는 바이러스가 있는가 하면, 사람을 해롭게 하는 박테리아만 노리는 바이러스도 있다. 어쩌면 트리클로산과 트리클로카반, 식용 동물에 과도하게 사용해 온 각종 항생제 등으로 생긴 여러 문제를 처리해 줄 단 하나의 박테리아가 어딘가에 있을지도 모른다. 조사는 여전히 진행 중이다.

14

환경과 생명은
이어져 있다

인류가 걸어온 길을 되짚으며 우리는 우리가 저지른 일 뒤로 숨을

수 없음을, 인간이 스스로 만들어 낸 화학 물질에서 절대 자유로울

수 없음을 배운다. 잔류 독성 화학 물질이 어디에서 유출됐건 모든

사람들은 이에 노출될 수밖에 없다. 지구 반대편에 있는 사람들의

행동이 미국 국민 건강에 영향을 줄 수 있듯이 이쪽에서 먹고 마시

는 게 지구 반대편 사람들 건강에 영향을 미친다.

결국 사람들은 누구나 타인의 환경이 조성되는 과정에 관여한

다. 타인의 건강을 결정하고 그에 따르는 책임이 있다. 규모나 영

향력 정도는 다르겠지만, 예외란 없다. 아마존 밀림의 산불이나 인도네시아 쓰레기 소각장에서 발생한 발암성 다이옥신이 전 세계를 빙빙 돌아 미국에 당도해 우리 몸속에 쌓이는 것처럼 말이다. 아마존 삼림이 계속 불타올라 '지구의 허파(green lung)'가 줄어들면 인류는 점차 숨쉬기 힘들어질 것이며, 기후도 더 많이 바뀔 것이다. 독감에 걸린 누군가가 쉬지 않고 직장에 출근해 노년층이나 미숙아 등의 취약 계층에 치명적인 바이러스를 퍼트리는 것과 같은 이치다.

1982년, 엑슨Exxon 사의 과학자들은 당시 340피피엠(parts per million, ppm, 100만 분의 1을 나타내는 농도 단위―편집자)이었던 대기 중 이산화탄소 농도가 2020년이 되면 기준치인 415피피엠을 초과하리라 예측했다. 이 측정은 정확히 들어맞았지만, 석유 산출지가 어디인지 혹은 소비처가 어디인지는 의미 없는 질문이다. 과학자들은 대기가 바뀌면 지구의 운명도 전환점을 맞이할 거란 사실을 충분히 알고 있었다. 누구나 자살할 생각이 아니라면, 밀폐된 차고에서 엔진을 켜고 배기가스를 흡입하는 일은 절대 하지 말아야 한다는 사실을 알고 있다. 하지만 인류는, 전 세계는 지구 대기의 화학 조성까지 바꿔 가며 꼭 그와 같은 일을 벌이고 있다. 지구

온난화는 더 나쁜 일이 닥칠 수 있다는 경고 신호다.

지구상은 한때 170만 종 이상의 동물, 식물, 조류 등으로 들끓었다. 그러나 이런 생물 다양성은 계속해서 줄어들고 있으며, 놀랄 만큼 빠른 속도로 무너지고 있다. 인류가 새로 합성한 화학 물질을 지구 대기로 배출하면서 전 세계 다양한 생명체에 영향을 미쳤지만, 여전히 이 문제는 수면으로 떠오르지 않고 있다. 새로운 화학 물질을 생산해 배출할수록 이런 이상 현상은 증가할 수 있다. 이와 함께 생명체의 멸종 위기 문제는 더 심각해질 테고, 언젠가는 그 위험이 인류에게 닥칠 것이다.

인간의 행동이 지구 환경에 미치는 영향을 제대로 예측하기란 매우 어렵다. 그래서 지구라는 생명 유지 장치를 건드릴 때는 사전예방 원칙(precautionary principle, 심각한 환경 파괴 위험이 있을 때는 확실한 증거가 없더라도 적기에 국제적 동참이 필요하다는 원칙으로, 기후변화협약 조항 중 하나—편집자)을 확실히 지켜 매우 신중하게 행동해야 한다. 어떤 행동의 결과를 확신할 수 없지만, 잠재적으로 해악이 생길 가능성이 있다면 절대 위험을 감수해서는 안 되는 것이다. 그러나 1982년에 문제가 터지고 말았다. 대기 중 이산화탄소 농도가 높아질 조짐이 보였는데도, 단기적 필요와 편리성, 탐욕에 이끌려 석유를 대량 소비하게 된 것이다. 그 결과 우리는 매년 수십억 달러에 해당하는 비용과 수천 명의 생명을 대가로 지불하게 됐다. 40년 전 미리 알았던 문제를 지금에 와서야 해결하려 발버둥 치는 것이다.

몇 년 전, 나는 화학 물질의 위험성을 알고 난 뒤 그 위험성을 규제하는 조치가 얼마나 지나서 시행되는지를 조사한 적이 있다. 학술지에 게재된 14만3천여 건의 논문을 분석한 결과, 위험이 알려지고 통상 14년이 지나서야 규제 조치가 발효됐다. 우연일지도 모르겠지만, 그 기간은 미국에서 트리클로카반을 오염 물질로 규정한 뒤 미국식품의약국이 사용 금지 처분을 내리기까지 걸린 시간과 같다.

　물론 공중 보건 관점에서 국가가 어떤 화학 물질의 위험성을 알고도 10년 이상 아무런 대책 없이 전 인구가 노출되도록 방치했다는 사실은 쉽게 받아들여지지 않는다. 그러나 한편으로 우리는 개인적, 집단적 권한을 행사할 수 있었음에도 그러지 못했다는 사실을 인정해야 한다. 우리 또한 미래 세대를 보호해야 할 책임을 회피한 것이다. 사실 글로벌 수준에서 특정 종류의 화학 물질을 생산하느냐 마느냐 하는 문제는 사람들 개개인이 어떤 물건을 구매할지와 부분적으로 연결된다. 인류의 환경과 미래를 결정하는 힘이 기업과 정부에만 있는 건 아니라는 의미다. 기업의 생산 결정권, 정부의 무관심한 대응 외에도 우리가 어떤 물건을 고르고 소비하느냐가 영향을 줄 수 있다.

사람들의 능력을 보여 준 긍정적인 사례로 몬트리올 의정서(Montreal Protocol)를 들 수 있다. 이는 자외선을 막아 주는 성층권의 한 구간인 오존층(ozone, O_3)의 파괴를 막은 역사적 사건이다. 세계 196개국과 유럽 연합이 합의한 이 조약은 1989년에 발효됐으며, 여러 차례 개정과 보완을 거치는 동안, 남극의 오존층은 조금씩 회복되고 있다. 몬트리올 의정서에서 문제를 제기한 화학 물질은 염화불화탄소(chlorofluorocarbons)와 폴리할로겐 유기체(polyhalogenated organics)다. 이들은 원래 지구 화학층(global chemosphere)에 존재하지 않는 화학 물질이다. 하나 또는 여러 개의 할로겐 카본 결합으로 연결되어 있으며 계속해서 오존층을 파괴하고 있다. 아마도 인류가 따끔한 맛을 볼 때까지 계속 만들어질 것으로 보인다.

환경 문제의 심각성을 이야기하면 종종 사람들에게 듣는 말이 있다. "그래서 어쩌라고? 증거를 보여 줘." 매년 흡연으로 사망하는 인원은 미국만 계산했을 때 48만 명이다. 도저히 납득할 수 없는 이 숫자는 마이애미시에 거주하는 인원수와도 흡사하다. 더 쉽게 설명해 보겠다. 911 사태로 약 3,000여 명의 미국인이 사망했을 때 국가는 비상사태를 선포했다. 911 사태 사망자보다 160배 많은 인원이 매년 흡연으로 죽어 가고 있다. 이 숫자는 3일에 한 번 911 사태가 일어나야 채워질 수 있는 숫자다.

누군가는 이런 질문을 할 수도 있다. "우리 몸에 축적된 오염 물질이 해롭다는 증거가 어디 있지? 유기 할로겐이나 플라스틱, 기후 변화로 죽은 사람을 본 적 있어?" 당연한 의문이라고 생각한다. 그 질문에 대한 답은 다음과 같다. 어떤 사람이 어느 날 난연제를 흡입하거나 미세 플라스틱을 삼키거나 담배를 피운다 해도, 그 물질이 치명적일 정도로 해롭지 않다면 건강에 미치는 영향을 쉽게 알아보기 어렵다. 그러나 인구 집단 전체를 놓고 보면 환경 문제가 가져온 질병이나 건강 결과가 보인다. 인터넷을 하는 사람이 모두 자살할까? 그렇지 않다. 하지만 인터넷과 소셜 미디어 서비스로 얻은 특정 정보 때문에 자살하거나 상처를 받는 사람이 생길 수는 있다. 그렇다면 우리는 합성 화학 물질이나 인터넷을 모두 끊고 살아야 할까? 아니다. 이런 상황에 접근할 때 충분히 조심하고, 위험성을 인식하면서 행동하면 된다.

미국을 비롯한 전 세계 각국에 퍼져 있는 부모들은 자녀의 건강과 복지를 걱정하고 있다. 천식, 불안증, 자폐증, 알레르기, 우울증, 비만, 약물 남용 및 자살 같은 질병 및 행동 장애가 점점 증가해 세계적으로 대유행하고 있기 때문이다. 그런가 하면 다음 세대인 아이들은 기대 수명이 줄고, 부모 세대가 누렸던 수준의 번영을 누릴 가능성이 점점 낮아지는 데서 오는 불안감에 시달린다.

각종 질병과 그로 인해 생겨나는 불행의 여파는 우리 삶을 점점 비참하게 하고, 미래 세대의 수명을 단축하게 할 것이다. 지금 당장은 눈에 보이지 않아도 인구 전체를 놓고 보면 기대 수명, 국민 보건 수준, 삶의 질 등의 지표가 조금씩 침체하고 저하하고 있는 게 보인다. 이런 좋지 않은 결과는 우리가 매일 조성하기 바쁜 지역, 환경, 기후와 깊은 관련이 있음을 잊지 말아야 한다.

마치며

〰〰

이른 시간, 조깅하러 집을 나섰다. 우리 집은 사막 가까이에 있지만, 지붕에 설치한 태양광 발전기 덕에 에어컨을 빵빵하게 틀 수 있어서 무척 시원하다. 태양광 모듈을 조립하는 시간은 3일이면 충분했지만, 사용을 허가받는 데는 무려 6개월이 소요됐다. 마치 에너지 자립을 꿈꾸는 사람들의 의지를 꺾으려고 특별히 더 오래 기다리도록 설계된 절차처럼 느껴졌다. 2022년이면 아마도 투자금을 회수할 수 있을 것 같다. 태양광 발전기는 우리 가족이 소비하는 양 이상의 에너지를 생산한다. 그리고 남은 에너지는 전력 공급망(electrical grid)에 비축한다.

우리 가족 식단에는 소고기가 없다. 그래도 크게 상관없는 이유는 거의 매일 고기를 먹기 때문이다. 주말에 가족, 친구들과 함께 채소, 닭고기, 소시지, 생선 등을 구워 먹는 시간은 더없이 소중하다.

최근 환경에 관한 내 가장 큰 관심사는 바로 항공 여행이다. 육류 섭취와 마찬가지로 나는 이동의 필요 및 혜택에 대해서도 약간 양가적인 입장을 가지고 있다. 살면서 내리는 수많은 결정이 그렇듯 단정적으로 '그렇다' '아니다'를 이야기하기보다 상황에 따라 더 신중히 숙고한 뒤 결정해야 한다고 믿는다. 마음이 끌리는 대로 이산화탄소를 배출하고 면죄부처럼 탄소 배출권(carbon credit, 이산화탄소, 메테인 등의 6대 온실가스를 일정 기간 동안, 일정량 배출할 수 있는 권리—편집자)을 사는 행위는 적합한 해결책이 될 수 없다. 요즘은 누구라도 쉽고 편리하게 탄소를 배출할 권리를 돈으로 살 수 있는데, 이 교환 방식 자체에 의구심이 든다(어느 시점부터 100만 명 이상의 여행객이 비행기를 타고 지구를 돌게 되었으며, 비행편 수도 급증했다). 내가 고등학생 때는 매년 한두 주 휴가를 내고 삼촌이 근무하던 독일 북부 산림 관리소를 찾아가곤 했는데, 그때처럼 관할 지역에 나무를 심는 게 더 나은 선택일지도 모른다.

우리 연구팀은 지금까지와는 전혀 다른 형태의 운송 수단을 검토하고 있다. 언젠가 크루즈 산업이 얼마나 많은 오염 물질을 배출하는지를 연구한 적이 있는데, 그 결과를 알고 매우 놀랐다. 크루즈선 한 척이 배출하는 독성 이산화황 가스의 양은 승용차 1,300만 대가 배출하는 배기량과 맞먹는다. 이는 탑승객 한 명이 자동차 3,000대를 끄는 것과도 같은 양이다. 크루즈선이 바다로 직접 배출한 정화 처리되지 않은 오수까지 합치면 엄청난 폐해라 할 수 있다. 물론 이보다 더 지속 가능한 해상 운송 방식도 존재한다. 가령 유럽의 초콜릿을 실은 돛단배가 대서양을 건너 미국에 물건을 내려놓고, 커피콩을 실어 돌아가는 방식이다. 그러나 돛단배는 세계가 바라는 운송 수단이 아니다. 이는 독일로 역이민한 내 딸을 보러 갈 때나 어울리는 방식이다.

조류 바이오 연료(algae-based fuels)를 동력으로 삼은 여객기가 시범 운행한 일이 벌써 10년 전이다. 이후 지속 가능한 항공 연료(sustainable aviation fuel, 동식물성 기름이나 폐식용유, 해조류 등을 활용해 생산한 바이오 대체 연료로, 탄소 중립 항공유 혹은 바이오 항공유 등으로 불린다—편집자)를 사용하는 운송편은 해마다 늘고 있지만, 전 세계 3,700만 회 운영되는 운항 편수로 보자면 여전히 드문 게 현실이다. 그리고 엄밀히 말하면 모든 바이오 연료가 지속 가능한 방식으로 쓰인 것도 아니다. 지금까지 13만 편 이상의 항공편에 이용된 바이오 연료 중 약 30퍼센트는 일반 화석 연료의 첨가제로만 사용됐다. 일부 교통 밀집 지역에서는 단거리 이동 수단으로 전기 항공기의 가능성을 진지하게 고려하고 있지만, 실현되기까지는 시간이 더 필요해 보인다. 승객을 싣고 이동하는 상업 비행은 여전히 시작되지 않았는데, 이 비행기는 부자들의 전유물이 될 가능성도 꽤 있다.

이런 상황에서도 지속 가능한 이동 수단의 연구는 계속되어야 한다. 단순히 세계 무역 물자와 사람을 옮기는 데 필요하기 때문이 아니다. 세계 여러 나라를 방문하는 일은 교육적으로 유익할 뿐 아니라 각국의 갈등을 예방하는 데도 도움을 준다. 지구 생태계와 인류의 생존을 보존하려면 공동의 가치관과 이익을 추구해야 하는데, 세계로의 이동이 이 가치를 깨닫게 하는 좋은 수단이 될 것이다.

내 아내는 1990년대 말에 마침내 취업 허가증을 발급받아 몇몇 학교의 텃밭을 관리하기 시작했다. 그리고 지금은 학교 텃밭 교사 겸 관리인으로 일하고 있다. 그녀는 도시 빈민층 아이들에게 먹거리를 직접 재배할 기회를 제공하고, 그들과 함께 인류에게 식량을 가져다 주는 육지 생태계를 들여다본다. 식물과 곤충, 동물들이 어떻게 상호 작용하는지를 일러주는 것이다. 내 아내의 열정과 헌신을 보면서 나 또한 매일 많은 것들을 배운다.

우리 집 막내는 열세 살인데, 벌써 독립해서 거의 인터넷이나 전화로만 만난다. 언젠가 아이가 집에 돌아오면 성장과 아버지의 역할 같은 것들을 함께 이야기할 수 있을 것이다. 어쩌면 이 책에 적은 내용으로 아이와 대화를 시작할지도 모른다. 또 아이에게 사람과 교감하는 방법 몇 가지를 배울 수도 있을 것 같다. 이 아이는 그 방면에 매우 뛰어나고, 나는 그렇지 못하니 말이다.

둘째는 고등학교 졸업반인데, 건축가가 되고 싶어 한다. 딸아이는 맨해튼의 한 디자인학교에서 인턴사원으로 일하는 동안, 건축 자재와 실내 설비 자재에 포함된 독성 물질을 조사한 적이 있는데, 현재 집을 리모델링할 때 어떤 자재를 사용하는 게 좋은지 우리 부부에게 조언하기도 했다. 또한 재능 있는 반 친구를 소개해 줘 비교적 짧은 시간에 이 책에 들어갈 삽화가 탄생했다. 이 아이는 지구 대기 변화를 늘 걱정하고 있다. 왜 우리 부모 세대는 지금껏 어떤 조치도 취하지 않았냐고, 그렇게 오랜 기간 방치할 수 있었냐고 자주 묻는다.

큰아이는 독일에 있다. 거기 있는 한 병원에서 의사가 되려고 준비 중이며, 최근 인턴 생활을 마무리했다. 몇 년 전 가족 여행을 하던 중 플레젠튼시에 있는 병원을 보여 준 적이 있는데, 그곳은 아이들 엄마의 목숨을 구해 준 병원이다. 당시 아내는 갑자기 아기가 나오는 바람에 급히 제왕 절개 수술을 받아야 했다. 근처 상가는 내가 밤새 편두통에 시달리며 아내와 아기를 기다린 곳이다. 그렇게 일요일 아침이 되고, 우리는 지구라는 행성에 찾아온 큰아이를 처음 만났다.

애리조나주립대학교 환경공학 바이오디자인 센터(Biodesign Center for Environmental Health Engineering)에서 주제별 프로젝트를 수행하는 학생들은 지구의 변화를 측정할 수 있는 무언가를 만들어 낸다. 그리고 이런 자신들의 역할에 큰 기대를 걸고 있다. 일부 학생들은 독성 물질 및 그 대체물을 화학 제품 공급망에서 완전히 없애려고 노력하고 있다. '원 워터 원 헬스One Water One Health'라는 비영리 기관을 설립해 미국과 전 세계의 저소득층 지역을 대상으로 하수 분석을 시도하는 학생들도 있다. 이들의 공통 목적은 더 안전한 제품을 만들어 '미시간주 플린트시 납 수돗물 사태(lead-in-drinking-water crisis of Flint*)' 같은 사고가 재발하지 않도록 막는

• 2014년, 미시간주 플린트시가 약 57억 원을 아끼려고 상수도 공급원을 바꿨다가 수돗물에 납이 섞여 납 중독 피해자 10만 명 이상을 낳은 환경 재난

것이다.

수업에서는 단순하고도 도발적인 질문을 던진 뒤 학생들과 그 답을 같이 생각해 본다. 가령 다음과 같은 질문인데, 수업 초반에 학생들 대부분은 이런 내용을 고민할 계기를 얻는다.

⑴ 당신이 생각하는 핵심 가치(core value)는 무엇인가?

⑵ 정말로 그것이 당신의 핵심 가치인가?

⑶ 지리적 · 사회적으로 당신은 어떤 위치에 있는가?

⑷ 2번과 3번의 답이 서로 조화를 이루는가?

⑸ 글로벌 지속 가능성을 이루려 할 때 가장 큰 장애물은 무엇인가?

⑹ 개인적 또는 사회적 수준에서 지속 가능성을 드높이려면 어떤 수단이 가장 효과적인가?

현재의 교육 시스템은 현대 사회와 환경에서 일어나고 있는 급격한 변화에 적응하지 못하고 있다. 그래서 나처럼 지속 가능성을 가르치는 교수나 학위를 따려고 공부하는 학생들도, 우리가 몸담고 있는 대학도 위선에 빠지기 쉽다. 해답을 찾다 보면 과거 실패의 책임자를 소환해야 하는데, 흔히 개인은 기관과 정부를 탓하기 바쁘고, 정부와 기관은 그 책임을 개인에게 돌리기 때문이다.

　사람들은 자기가 진정으로 원하는 게 무엇인지 좀처럼 알지 못한다. 아무것도 없이 하루하루를 먹고 생존하기 위해 싸우는 사람들에게 이런 질문은 무의미하고, 묻는 것 자체가 불공정할 수 있다. 그러나 먹고 사는 게 큰 걱정이 아닌 이들에게는 마음이 불편하더라도 이 질문이 꼭 필요하다. 우리는 정말로 다른 어떤 것보다 지구를 지키는 게 우선일까? 진정으로 인류가 오래도록 생존하기를 바라는가? 아니면 현세대와 후세대를 위험에 빠트리더라도 지금이 편하니 이대로 인간을 받아 주고 있는 자연을 오염시키며 살겠는가? 제대로 답하고 싶다면 이 말을 기억하자.

　우리가 중시하고 지키려 하는 경계선은 모두 허구다. 그런 것은 존재하지 않는다. 자기 자신과 그것을 둘러싼 주위 환경이라는 개념은 소중히 지켜 온 망상에 지나지 않는다.

환경은 단순히 '저 바깥쪽에' 있는 게 아니다. 우리가 호흡하고 흡수하고 마시고 입고 창조하는 모든 것이 곧 환경이다. 인간과 환경은 하나이며 같은 선상에 있다.

감사의 글

다른 모든 일이 그렇지만, 이 책은 여러 사람의 도움이 없었다면 세상에 태어나지 못했을 것이다. 내가 쓴 책과 내가 한 행동에 실수가 있는 것처럼 이 책도 그렇다. 분명 잘못된 부분이 있을 것이다. 지적해 주리라 믿고 미리 감사의 말을 전한다.

먼저 애리조나주립대학교 커뮤니케이션 처장으로 2019년 4월 5일 처음 우리 연구실을 방문한 스티븐 베슬로스에게 감사 인사를 전한다. 그는 내가 책을 쓰는 동안 전적으로 신뢰와 의견을 보탰고 지원도 아끼지 않았다. 시카고로욜라대학교 영문학과 도로시 하렐 브라운 석좌 교수에게도 감사하다. 그는 2019년 5월 작가 워크숍에서 내가 이 책을 쓸 수 있도록 격려해 줬고, 편집자를 직접 연결해 주기도 했다. 교수 겸 기자이자 홍보 전문가인 내 친구 드보라 레이첼 비숍에게도 고마움을 전한다. 이 책이 출간으로 이어지도록 나를 도왔고, 책을 쓰는 동안에도 여러 번 피드백을 줬다. 블룸스버리 출판사의 편집 주간인 해리스 나비크와 직원들 모두에게도 고맙다고 말하고 싶다. 이 책이 50번째 지구의 날에 출간될 수 있도록 5개월 만에 모든 작업을 마무리해 줬다. 또한 이 책의 멋진 삽화를 그려 준 그리펀 핑크에게도 감사 인사를 남긴다.

책을 쓰는 동안 생명에 관해 충분히 이야기할 수 있도록 나를 배려해 준 가족과 친구들에게 너무 많은 빚을 졌다. 작가이자 내 삶의 많은 부분에 영감을 준 주체인 내 어머니는 살아가는 동안 내게 다양한 경험을 선사했고, 기꺼이 세상을 탐험하도록 허락해 줬다. 태양의 계곡 '밸리 오브 더 선' 지역에서 정원 마님으로 통하는 아내에게도 고맙다는 말을 전한다. 마감일에 맞춰 책을 완성하느라 휴가를 같이 보내지 못한 나를 용서해 줬다. 각자 분야에서 최선을 다하면서도, 책을 쓰는 아빠에게 여러 의견을 준 아이들에게도 이 지면을 빌려 고마움을 전한다. 유익한 질문과 제안으로 내게 많은 도움을 줬다.

실명을 거론하지는 않았지만, 어떤 식으로든 이 책에 언급된 많은 이들에게 감사하다. 학자로 사는 동안, 학문적인 부분뿐 아니라 인간적인 면에서도 많은 가르침을 준 분들이 있다. 특히 미네소타 대학교 존 지아고스, 로버트 로렌스, 고故 고든 올만(1924~2010), 린 골드만, 엘렌 실버겔드, 브루스 리트만 등 박사 학위를 취득할 수 있도록 심사해 준 위원들에게 감사 인사를 남긴다.

　책에 담긴 이야기는 인턴 학생, 재학생, 박사 후 과정 학생, 공동 연구원, 대학교 교직원, 객원 교수들, 동료 교수들 등등 많은 이들의 도움으로 탄생했다. 여러분의 창의성, 나를 참아 준 인내력, 함께 연구하면서 즐거운 분위기를 만들어 준 친화력에 진심으로 고맙습니다. 마지막으로 연구를 검토하는 수많은 학자들, 협찬 기관, 연구 지원금 기획사 등이 없었다면 우리 연구팀의 실험과 논문은 완성될 수 없었을 것이다. 그분들께도 감사하다. 모든 이들의 노력이 더 큰 결실이 되기를 바란다. 이 책을 읽은 독자들이 만족감을 얻고, 다양한 의견을 들려준다면 더는 바랄 게 없겠다.

| 참고 문헌 |

1   Meine, Lower Saxony, Germany (formerly West Germany). https://en.wikipedia.org/wiki/Mein

2   Madigan, M. T., Bender, K. S., Buckley, D. H., Sattley, M. W., and Stahl, D. A. (2018). Brock Biology of Microorganisms (15th edition). New York: Pearson. Chapter

3   Halden, R. U. (ed.) (2010). Contaminants of Emerging Concern in the Environment: Ecological and Human Health Considerations. American Chemical Society (ASC) Book Series. New York: Oxford University Press.

Huttenhower, C., Gevers, D., Knight, R. et al. (2012). Structure, Function and Diversity of the Healthy Human Microbiome. Nature, 486 (7402): 207-14.

4   A Quarter of Humanity Faces Looming Water Crises. https://www.nytimes.com/interactive/2019/08/06/climate/world-water-stress.html.

5   Carson, R 레이첼 카슨 (2002). Silent Spring침묵의 봄 (Anniversary edition), Introduction by L. Lear and Afterword by Edward O. Wilson. New York: Houghton Mifflin.

6   Carson, R 레이첼 카슨 (2002). Silent Spring침묵의 봄 (Anniversary edition),

Introduction by L. Lear and Afterword by Edward O. Wilson. New York: Houghton Mifflin.

Halden, R. U. (2014). On the Need and Speed of Regulating Triclosan and Triclocarban in the United States. Environmental Science & Technology. 48 (7): 3603-11.

Halden, R. U. and Paull, D. H. (2005). Co-Occurrence of Triclocarban and Triclosan in US Water Resources. Environmental Science & Technology. 39 (6):1420-6.

Halden, R. U. et al. (2017). The Florence Statement on Triclosan and Triclocarban. Environmental Health Perspectives. 125 (6): 064501.

Kolpin, D. W., Furlong, E. T., Meyer, M. T. et al. (2002). Pharmaceuticals, Hormones, and other Organic Wastewater Contaminants in US Streams, 1999-2000: A National Reconnaissance. Environmental Science & Technology. 36 (6): 1202-11.

New York Times. (2019). These State Birds May Be Forced Out of Their States as the World Warms. New York Times. October 10. https://nyti.ms/35ni4eo.

New York Times. (2019). Birds Are Vanishing From North America. New York Times. September 19. https://nyti.ms/2IepqH8.

7   Blum, A. (2005). Breaking Trail: A Climbing Life. New York: Lisa Drew Books.

Herbstman, J. B., Sjödin, A., Apelberg, B. J. et al. (2007). Determinants of Prenatal Exposure to Polychlorinated Biphenyls (PCBs) and

Polybrominated Diphenyl Ethers (PBDEs) in an Urban Population. Environmental Health Perspectives. 115 (12): 1794-1800.

Herbstman, J. B., Sjöodin, A., Apelberg, B. J. et al. (2008). Birth Delivery Mode Modifies the Associations between Prenatal PCB and PBDE and Neonatal Thyroid Hormone Levels. Environmental Health Perspectives. 116 (10): 1376-82.

Veen, I. van der and Boer J. de. (2012). Phosphorus Flame Retardants: Properties, Production, Environmental Occurrence, Toxicity and Analysis. Chemosphere. 88 (10): 1119-53.

Venkatesan, A. K. and Halden, R. U. (2014). Brominated Flame Retardants in US Biosolids from the EPA National Sewage Sludge Survey and Chemical Persistence in Outdoor Soil Mesocosms. Water Research. 55: 133-42.

Zota, A. R., Rudel, R. A., Morello-Frosch, R. A., Brody, J. G. (2008). Elevated House Dust and Serum Concentrations of PBDEs in California: Unintended Consequences of Furniture Flammability Standards? Environmental Science and Technology. 42 (21): 8158-64.

<u>8</u>   Apelberg, B. J., Goldman, L. R., Calafat, A. M. et al. (2007). Determinants of Fetal Exposure to Perfluorinated Compounds. Environmental Science & Technology. 41 (11): 3891-7.

Apelberg, B. J., Witter, F. R., Herbstman, J. B., Calafat, A. M., Halden, R. U., Needham, L. L., and Goldman, L. R. (2007). Cord Serum Concentrations of Perfluorooctane Sulfonate (PFOS) and Perfluorooctanoate (PFOA) in Relation to Weight and Size at Birth. Environmental Health Perspectives. 115 (11): 1670-6

Fei, C., McLaughlin, J. K., Tarone, R. E. et al. (2007). Perfluorinated Chemicals and Fetal Growth: A Study within the Danish National Birth Cohort. Environmental Health Perspectives. 115 (11): 1677-82.

Venkatesan, A. K. and Halden, R. U. (2013). National Inventory of Perfluoroalkyl Substances in Archived US Biosolids from the 2001 EPA National Sewage Sludge Survey. Journal of Hazardous Materials. 252-3: 413-18.

9 Bakulski, K. M., Lee, H., Feinberg, J. I. et al. (2015). Prenatal Mercury Concentration Is Associated with Changes in DNA Methylation at TCEANC2 in Newborns. International Journal of Epidemiology. 44 (4): 1249-62.

Done, H. Y. and Halden, R. U. (2015). Reconnaissance of 47 Antibiotics and Associated Microbial Risks in Major Seafood and Aquaculture Products Consumed in the United States. Journal of Hazardous Materials. 282: 10-17.

New York Times. (2019). The World's Oceans Are in Danger, Major Climate Change Report Warns. New York Times. September 25. https://nyti.ms/2mDGYnW.

Wells, E. M., Herbstman, J. B., Lin, Y. H. et al. (2016). Cord Blood Methylmercury and Fetal Growth Outcomes in Baltimore Newborns: Potential Confounding and Effect Modification by Omega-3 Fatty Acids, Selenium, and Sex. Environmental Health Perspectives. 124 (3): 373-9.

Wells, E. M., Herbstman, J. B., Lin, Y. H. et al. (2017). Methyl Mercury, but not Inorganic Mercury, Associated with Higher Blood Pressure During Pregnancy. Environmental Research. 154: 247-52.

Wells, E. M., Jarrett, B. J. J. M., Li, Y. H. et al. (2011). Body Burdens and Descriptors of Mercury, Lead, Selenium and Copper among Newborns at an Urban Hospital. Environmental Research. 111 (3): 411-17.

10   Halden, R. U. and Schwab, J. K. (2008). Environmental Impact of Industrial Farm Animal Production, A Report of the Pew Commission on Industrial Farm Animal production https://www.pewtrusts.org/~/media/legacy/uploadedfiles/wwwpewtrustsorg/reports/industrial_agriculture/pcifapenvimpactpdf.pdf

Pew Commission. (2008). Putting Meat on the Table: Industrial Farm Animal Production in America-A Report of the Pew Commission on Industrial Farm Animal Production. http://www.ncifap.org/_images/PCIFAPFin.pdf.

11   Choy, C. A., Robison, B. H., Gagne, T. O. et al. (2019). The Vertical Distribution and Biological Transport of Marine Microplastics across the Epipelagic and Mesopelagic Water Column. Scientific Reports. 9, Article no. 7843.

Halden, R. U. (2010). Plastics and Health Risks. Annual Review of Public Health. 31: 179-94.

Oceans: How One Life Powered by ASU Can Change the World. (2017). Rocky Mountain 2018 Emmy Award Winner in Category of "Commercial - Single Spot." https://youtu.be/ILA5Ivzv84A.

Plastic Hangover. (2019). TEDx Talk. Arizona State University. https://biodesign.asu.edu/plastic-hangover.

12   Newsweek. (2018). Tech & Science-Stop Dumping Your Used Contact Lenses in the Sink and Toilet, Report Pleads. Newsweek. August 20. https://www.newsweek.com/stop-dumping-your-used-contact-lenses-sink-toilet-report-1079954.

New York Times. (2018). Trilobites. Before You Flush Your Contact Lenses, You Might Want to Know This. New York Times. August 19. https://nyti.ms/2MX23Ch.

13   City of Tempe and Arizona State University: Tempe Opioid Wastewater Collection Data Online Dashboard. https://tempegov.maps.arcgis.com/apps/opsdashboard/index.html#/69d996bc23dc461f82d01f47a5d70bfe.

Gushgari, A. J., Driver, E. M., Steele, J. C., and Halden, R. U. (2018). Tracking Narcotics Consumption at a Southwestern US University Campus by Wastewater-Based Epidemiology. Journal of Hazardous Materials. 359: 437-44.

Gushgari, A. J., Venkatesan, A. K., Chen, J. et al. (2019). Long-term Tracking of Opioid Consumption in Two United States Cities Using Wastewater-based Epidemiology. Water Research. 161: 171-80.

Venkatesan, A. K., Done, H. Y., and Halden, R. U. (2015). United States National Sewage Sludge Repository at Arizona State University-A New Resource and Research Tool for Environmental Scientists, Engineers, and Epidemiologists. Environmental Science and Pollution Research. 22 (3): 1577-86.

Venkatesan, A. K. and Halden, R. U. (2014). Wastewater Treatment Plants as Chemical Observatories to Forecast Ecological and Human Health Risks of Manmade Chemicals. Scientific Reports. 4, Article no.

3731.

14   Halden, R. U. (2015). Epistemology of Contaminants of Emerging
Concern and Literature Meta-analysis. Journal of Hazardous Materials.
282: 2-9.

One Water One Health (2019). The Answers Are in the Water Source.
https://onewateronehealth.org/.

ㄱ

ㅅ

ㅇ

ㅈ

ㅌ

오늘도 플라스틱을 먹었습니다

초판 1쇄 발행 2022년(단기 4355년) 7월 25일
초판 2쇄 발행 2023년(단기 4356년) 7월 25일

지은이 | 롤프 할든
옮긴이 | 조용빈
펴낸이 | 심남숙
펴낸곳 | ㈜한문화멀티미디어
등록 | 1990. 11. 28 제21-209호
주소 | 서울시 광진구 능동로43길 3-5 동인빌딩 3층(04915)
전화 | 영업부 2016-3500 편집부 2016-3507
홈페이지 | http://www.hanmunhwa.com

운영이사 | 이미향
편집 | 강정화 최연실
기획 홍보 | 진정근
디자인 제작 | 이정희
경영 | 강윤정 조동희
회계 | 김옥희
영업 | 이광우

만든 사람들
책임 편집 | 박햇님 표지 디자인 | 이정희
본문 디자인 | 하현정 인쇄 | 천일문화사

ISBN 978-89-5699-434-5 03300